marketing:
o que é?
quem faz?
quais as tendências?

O selo DIALÓGICA da Editora InterSaberes faz referência às publicações que privilegiam uma linguagem na qual o autor dialoga com o leitor por meio de recursos textuais e visuais, o que torna o conteúdo muito mais dinâmico. São livros que criam um ambiente de interação com o leitor – seu universo cultural, social e de elaboração de conhecimentos –, possibilitando um real processo de interlocução para que a comunicação se efetive.

marketing:
o que é?
quem faz?
quais as tendências?

Carlos Frederico de Andrade

EDITORA
intersaberes

Rua Clara Vendramin, 58
Mossunguê . Cep 81200-170 . Curitiba . PR . Brasil
Fone: (41) 2106-4170
www.intersaberes.com.br
editora@editoraintersaberes.com.br

Conselho editorial Dr. Ivo José Both (presidente); Dr³. Elena Godoy; Dr. Nelson Luís Dias; Dr. Neri dos Santos; Dr. Ulf Gregor Baranow
Editor-chefe Lindsay Azambuja
Editor-assistente Ariadne Nunes Wenger
Editor de arte Raphael Bernadelli
Preparação de originais Gustavo Scheffer
Copidesque Sandra Regina Klippel
Capa Denis Kaio Tanaami
Projeto gráfico Bruno Palma e Silva
Diagramação Bruno de Oliveira; Sílvio Gabriel Spannenberg
Iconografia Jassany O. Gonçalves

Dados Internacionais de Catalogação na Publicação (CIP)
(Câmara Brasileira do Livro, SP, Brasil)

Andrade, Carlos Frederico de
  Marketing: o que é? quem faz? quais as tendências? / Carlos Frederico de Andrade. – Curitiba: InterSaberes, 2012. – (Série Marketing Ponto a Ponto).

  Bibliografia.
  ISBN 978-85-65704-89-2

  1. Marketing – Administração I. Título. II. Série.

12-07603   CDD-658.8

  Índices para catálogo sistemático:
1. Gestão de marketing: Administração de empresas 658.8
2. Marketing: Administração de empresas 658.8

1ª edição, 2012.

Foi feito o depósito legal.

Informamos que é de inteira responsabilidade do autor a emissão de conceitos.

Nenhuma parte desta publicação poderá ser reproduzida por qualquer meio ou forma sem a prévia autorização da Editora InterSaberes.

A violação dos direitos autorais é crime estabelecido na Lei nº 9.610/1998 e punido pelo art. 184 do Código Penal.

sumário

Apresentação, 11
Como aproveitar ao máximo este livro, 13

Capítulo 1
o que é marketing?
15

Conceitos e evolução do marketing, 16

Mercado, 22

Objetivo do marketing, 28

Estudo de caso, 29

E como acontece a prática de marketing nas organizações?, 31

Síntese, 36

Questões para revisão, 36

Capítulo 2
áreas e tipos de marketing
40

Áreas de marketing, 42

Estudo de caso, 49

Tipos de marketing, 58

Composto de marketing, 75

Síntese, 76

Questões para revisão, 77

Capítulo 3
composto de marketing: produto
82

Elementos da composição do produto, 86

Estudo de caso, 110

Síntese, 112

Questões para revisão, 113

Capítulo 4
preço e praça
116

O preço, 117

Praça, 124

Estudo de caso, 125

Síntese, 133

Questões para revisão, 134

Capítulo 5
promoção
136

Métodos e objetivos da promoção, 141

Estudo de caso, 141

Atividades de promoção, 145

Promoção no varejo, 147

Síntese, 159

Questões para revisão, 160

Capítulo 6
o plano e o profissional de marketing
163

Como elaborar um plano de marketing?, 164

Etapas de elaboração e implantação de um plano de marketing, 166

Estudo de caso, 170

O profissional de marketing e suas funções, 175

Síntese, 192

Questões para revisão, 193

Para concluir, 195
Referências, 197
Anexo, 203
Gabarito, 207
Sobre o autor, 212

À Adriana, com amor e por amor.

À Niura e ao Cezar, pela concepção, mãe e pai pelo amor e confiança; confiança que, talvez, seja o grande motivo pelo qual continuamos a caminhar.

Aos irmãos Guto, Paulo e Isabela, pelas boas lembranças em família.

A toda a família, por saber respeitar a ausência e, mesmo assim, continuar a cobrar a presença.

Aos amigos da coordenação da Fatec Internacional, amigos com os quais convivo, trabalho, aprendo, divido o sucesso e os problemas e me divirto com suas histórias.

Aos amigos do GPCON, professores aos quais rendo minhas homenagens pelo esforço e com os quais posso dividir o maior dos títulos, o de professor.

À Sandra Regina Klippel, por compartilhar a concepção desta obra e por compreender o tempo e o limite com muita sutileza.

À Lindsay, a quem confiei o que, até então, era apenas um rascunho e que hoje é este livro, por acreditar no projeto, pelo respeito, carinho e profissionalismo.

À equipe da Editora InterSaberes, pela competência e grandiosidade da ação.

apresentação

O que você vai encontrar nesta obra? Um estudo no qual procuramos traçar linhas objetivas das atividades de marketing em relação aos processos de gestão. Para isso, buscamos fundamentos nas publicações e nos conceitos das principais autoridades da área – estudiosos cujas atividades acadêmicas e práticas profissionais têm influenciado todos os envolvidos com marketing. Entre eles, Kotler, McCarthy, Perreault Junior, Fisk, Stevens e tantos outros.

O que fizemos? Procuramos interligar os vários estudos e informações para responder às seguintes questões: O que é marketing? Quais as tendências atuais do marketing? Quais as principais ferramentas para traçar estratégias e implantar um plano de marketing? Como elaborar e pôr em prática o planejamento? Quem é e o que faz o profissional de marketing? Você poderá acompanhar essa abordagem ao longo dos seis capítulos que constituem este livro.

No primeiro capítulo, o foco se concentra em definições, conceitos, objetivos e evolução do marketing, além de incluir concepções sobre mercado e orientação mercadológica das organizações, com contextualizações dos vários tipos apresentados. No segundo, fizemos uma ampla caracterização e exemplificação (por meio do posicionamento no mercado de organizações conhecidas) de áreas e tipos de marketing.

Desenhado esse panorama sobre marketing, no terceiro capítulo iniciamos o estudo detalhado dos 4 Ps do composto de marketing, abordando o **produto** com todos os elementos de sua composição (marca, rótulo, qualidade, variedade, *design*, embalagem, tamanho, serviços agregados, garantia e devolução). Essa apresentação do composto continua no quarto capítulo, com os Ps de **praça e preço**, e a concluímos no quinto capítulo, com o P de **promoção**, no qual expomos uma análise de promoção realizada em três supermercados, usando os 6 Ps do *mix* varejista, ou seja, houve a introdução de mais dois Ps: apresentação da loja ou perfil (*presentation*) e pessoal (*people*).

Por fim, o sexto capítulo examina o plano de marketing e sua gestão, desde sua elaboração até a aplicação e o retorno. Apresentamos ainda uma visão panorâmica das possibilidades de atuação do profissional de marketing, baseando-nos nas categorias descritas pelo documento denominado *Classificação Brasileira de Ocupações* (CBO), do Ministério do Trabalho e Emprego.

Lembramos que o objetivo da obra não é esgotar os assuntos aqui abordados, mas sim introduzi-los, traçar um painel geral. A preocupação na elaboração deste livro ficou centrada, além de nos conteúdos, em produzir um texto que dialogasse com o leitor. Por isso, você é constantemente convidado a interferir no discurso.

Mas como operacionalizamos isso? Introduzindo perguntas constantes; oferecendo informações adicionais sobre pessoas que fazem o marketing, livros e *sites*; buscando material atual e exemplos retirados do contexto por meio de imagens e textos da mídia, bem como de outras publicações; elaborando sínteses contínuas no transcorrer do assunto. Para visualizarmos esse processo, recorremos à diagramação para destacar a importância de determinadas informações.

Agora, aguardamos seu retorno para darmos continuidade à conversação!

Como aproveitar ao máximo este livro

Conteúdos do capítulo
Logo na abertura do capítulo, você fica conhecendo os conteúdos que serão nele abordados.

Após o estudo deste capítulo, você será capaz de:
Você também é informado a respeito das competências que irá desenvolver e dos conhecimentos que irá adquirir com o estudo do capítulo.

Questões para revisão
Com estas atividades, você tem a possibilidade de rever os principais conceitos analisados. Ao final do livro, o autor disponibiliza as respostas às questões, a fim de que você possa verificar como está sua aprendizagem.

Estudos de caso
Esta seção traz ao seu conhecimento situações que vão aproximar os conteúdos estudados de sua prática profissional.

Síntese
Você dispõe, ao final do capítulo, de uma síntese que traz os principais conceitos nele abordados.

Perguntas & respostas
Nesta seção, o autor responde a dúvidas frequentes relacionadas aos conteúdos do capítulo.

Para saber mais
Você pode consultar as obras indicadas nesta seção para aprofundar sua aprendizagem.

capítulo 1
o que é marketing?

Conteúdos do capítulo

- Definições sobre o que é **marketing**.
- Aspectos da evolução nas concepções do marketing.
- Definições e características de "mercado".
- Objetivo e orientações do marketing na prática organizacional.
- A importância do marketing na área de gestão.

Após o estudo deste capítulo, você será capaz de...

- Estabelecer interligações entre várias definições e concepções sobre marketing.
- Identificar aspectos contextuais e teóricos envolvidos nas atividades de mercado.
- Distinguir o objetivo do marketing.
- Identificar aspectos da influência da filosofia de gestão da organização na implantação de processos de marketing.

Se alguém lhe perguntasse **"o que é marketing?"**, o que você responderia?

Provavelmente, você diria que marketing é venda! Propaganda! Publicidade!

Valendo-nos do pensamento de McCarthy e Perreault Junior (1997), contestamos as respostas, pois "marketing é muito mais do que venda e propaganda".

Outra situação bastante comum, que você poderá constatar numa reunião em uma organização, é ouvir que, para obtermos êxito na venda de um produto, devemos utilizar estratégias de marketing.

E a pergunta permanece: **o que é marketing?**

Conceitos e evolução do marketing

Obviamente, uma visão ampla sobre o tema não pode dispensar definições e pontos de vista feitos por estudiosos do assunto. Portanto, iremos apresentar a conclusão de alguns desses pesquisadores para direcionarmos nosso estudo. Iniciaremos com Etzel, Walker e Stanton (2001, p. 6), para os quais o marketing "é um sistema total de atividades de negócios desenvolvidas para planejar, dar preço, promover e distribuir produtos que satisfaçam os desejos dos mercados-alvo e atingir objetivos organizacionais".

Essa mesma concepção foi expressa por Stevens et al. (2004, p. 4), quando elegeram como "bastante completa" a seguinte definição: "O marketing direciona as atividades que envolvem a criação e distribuição de produtos em segmentos de mercado identificados".

Philip Kotler apresenta, em seus livros, as definições da American Marketing Association (AMA), sobre a qual falaremos adiante. Na obra *Administração de marketing* (Kotler, 1998), a citação foi a seguinte:

> *O marketing é uma função organizacional e um conjunto de processos que envolvem a criação, a comunicação e a entrega de valor para os clientes, bem como a administração do relacionamento com eles, de modo que beneficie a organização e seu público interessado.*

Analisando o conceito apresentado por esse autor, será que podemos dizer que **o marketing se caracteriza por ações desenvolvidas para satisfazer a desejos e necessidades dos nossos clientes ou dos nossos diversos públicos?**

Sim. No entanto, não devemos esquecer que a essa definição já foram agregados novos valores, pois ela é anterior à mais recente conceituação divulgada pela AMA.

O próprio Kotler afirma a necessidade de uma constante atualização. No dia 12 de novembro de 2008, durante sua apresentação no Expomanagement 2008, em São Paulo, em palestra denominada *Repensando o marketing*, o pesquisador abordou tópicos relacionados à inserção do marketing no mundo digital e debateu o significado da absorção das inovações tecnológicas, além da necessidade de diferenciação de processos em função da interferência de novas mídias no mercado. Isso por considerar que o atual panorama está delimitado pelas

---

Em português, Associação Americana de Marketing.

Mídia: "Suporte material em que são fixados os sons, como, por exemplo, fitas cassete, fitas de rolo, discos em acetato, discos em vinil, aparelhos de MP3 ou o próprio computador, entre outros; pode referir-se também aos próprios veículos de comunicação; em agências, o termo *mídia* também designa o profissional responsável pela programação e pelos contatos com os veículos em que os materiais publicitários serão exibidos" (Alves; Fontoura; Antoniucci, 2008).

circunstâncias relativas ao impacto advindo da figura do consumidor, agora alocado como protagonista na operacionalização de mídias, entre as quais estão *blogs, podcasts, webcasts, social networks* (redes sociais) e o *mobile marketing*.

Quem é Kotler?

Professor da Kellog School of Management, da Northwestern University (EUA), Philip Kotler é uma das maiores autoridades mundiais em marketing. Faz palestras em todas as partes do mundo e estão inseridas em seu currículo consultorias a inúmeras empresas, entre elas: General Electric, General Motors, IBM, AT&T, Honeywell, Bank of America e Merck. Em 2008, foi listado como a "6ª pessoa mais influente no mundo dos negócios" pelo Wall Street Journal, publicado em Nova Iorque. Escreveu vários livros (vendidos em 58 países) e artigos sobre o tema, bem como recebeu prêmios por sua atuação prática e como professor de marketing.

O fato é que podemos encontrar muitas definições para marketing. Entre elas, uma das mais conceituada é a da AMA. Essa organização congrega os envolvidos na prática, no ensino e no estudo de marketing, representando um marco determinante para os rumos deste. Nela são analisadas as práticas e tendências do marketing e, a partir disso, definidos os caminhos e as concepções que irão prevalecer nos cursos e nas atuações dessa área.

Observamos, nesse cenário, que houve uma evolução na concepção da AMA. Anteriormente, o marketing (AMA, 2008) era definido como uma função organizacional e um conjunto de processos envolvendo a criação, a comunicação e a entrega de valor para os clientes, assim como a administração de relacionamentos com o cliente, de modo a beneficiar a organização, seus acionistas e colaboradores – enfim, abrangendo todos os interessados e/ou envolvidos com a organização.

Se formos destacar o elemento central dessa definição, veremos que o **foco está no cliente** (agregar valor ao cliente, pois ele está no poder – o poder de consumir). A definição atual da AMA irá ampliar esse foco: o valor agregado deve também beneficiar **a sociedade como um todo**.

> Para que isso fique mais claro, vamos analisar essa nova definição? Marketing é a atividade (conjunto de instituições) e processos para criar, comunicar, distribuir e negociar ofertas que tenham valor para consumidores, clientes, parceiros, bem como para a sociedade como um todo (AMA, 2007).

A AMA divulgou essa sua mais nova definição sobre o marketing no ano de 2008 (a última alteração foi em outubro de 2007). É de praxe que essa atualização seja feita a cada cinco anos; portanto, a próxima alteração será, provavelmente, em 2012, trazendo à tona as transformações pelas quais passarão a atividade e a sociedade.

Para saber mais
Consulte o *site* <http://www.marketingpower.com>. Você vai encontrar várias informações sobre a AMA e muitas outras relacionadas ao marketing.

É importante atentarmos para o resultado alcançado nessa última concepção. Nela, o marketing deixa de ser apenas uma "função organizacional" – a serviço da agregação de valor para determinado produto e/ou organização, com o objetivo de angariar benefícios para esta(e) e para todos os envolvidos em seus processos (os *stakeholders*) – e passa a ser uma "atividade" (entenda-se aqui um trabalho, e não uma ocupação caridosa) cujo propósito é agregar valor ao produto e/ou à organização, de maneira que esse "valor" seja benéfico para a sociedade em geral. Essa é uma diferença substancial em relação a todas as abordagens e definições que têm sustentado, avaliado e determinado o papel do marketing.

> O termo *stakeholders* pode ser compreendido como "depositários", "intervenientes" ou "partes interessadas". É usado na área das organizações no sentido de indicar todos os interessados na *performance* (desempenho) destas e no ambiente em que elas operam – portanto, todos os envolvidos.

> Marketing – atividade que agrega valor ao produto ou serviço, sendo esse valor benéfico não apenas para o cliente específico e para a organização, como também para a sociedade em seus processos de sustentabilidade.

Nesse contexto, em que a influência do mundo "externo" (se utilizarmos a terminologia de Fisk) sobre a marca, produto ou organização deixa de estar relacionada apenas ao benefício obtido pelo consumidor na satisfação de suas necessidades, pois passa a abranger a necessidade da comunidade, o marketing deve trabalhar para atender a tal apelo social e/ou emocional.

Dessa maneira, se o marketing, na concepção de Fisk (2008b, p. 21), é "a chave para obter resultados extraordinários para os negócios", isso só pode ser entendido se atentarmos para a complementação de seu pensamento. Com esse propósito, buscamos, em entrevista concedida à revista *HSM Management*, subsídios que comprovam tal condição, pois Fisk (2008a, grifo nosso) afirma que:

> Os clientes estão procurando **marcas** *(e empresas, produtos e as pessoas representadas por eles) em que possam confiar e se apegar, em um mundo em rápida mudança, confuso e intimidador. No entanto, essa confiança deve ser conquistada por meio de algo que vá muito além de um banco de dados ou de um programa de CRM [sigla em inglês para "gestão do relacionamento com o cliente"] voltado para as vendas.*

Essa visão, ao enfatizar o valor das **marcas**, defende a premissa de que a marca representa a cultura da organização. Sob essa perspectiva, torna-se essencial aumentar as atividades vinculadas a ela (marca), com o objetivo de gerenciar os bens inatingíveis (valores agregados) e aproveitar de forma mais abrangente possível o seu potencial para criar valor.

Nessa conjuntura, a posição de Fisk, no que se refere à atuação do CEO, também exige mudanças. Para ele, "faz mais do que sentido, portanto, que o principal executivo da empresa esteja diretamente envolvido com as marcas e com sua gestão" (Fisk, citado por Hessel, 2008). Assim, os aspectos relativos à **gestão de marketing** tornam-se o elemento sinalizador da gestão na empresa.

> Sigla para *chief executive officer*; em português, o equivalente a "diretor-executivo" ou "diretor-geral".

Para saber mais

Inglês, estrategista e profissional do marketing com experiência em empresas de destaque – como a Coca-Cola, a Microsoft® e a Vodafone, entre outras – Peter Fisk é autor do livro *O gênio do marketing*. O pesquisador se notabilizou por ideias inovadoras; por exemplo, defender como foco de marketing a valoração das organizações: clientes e marcas.

Essa posição revela de tal forma as novas tendências de gestão e de marketing que Kotler iniciou sua palestra realizada no Fórum de Marketing Curitiba 2008, intitulada *As novas tendências do marketing*, com dois questionamentos básicos, ambos envolvendo o valor das marcas (Kotler, 2008, grifo nosso):

1. Suas empresas conseguirão defender o mercado que detêm diante da invasão cada vez maior de marcas globais estrangeiras?
2. Suas empresas conseguirão desenvolver fortes marcas regionais ou mundiais?

Isso nos leva a mais um aspecto na concepção de marketing: a necessidade de assimilar, de incluir outro passo em seu processo evolutivo. Ou seja, marketing como atividade de gestão que **agrega valor** (oriundo da cultura da empresa) à marca e ao cliente, correspondendo, portanto, à estruturação de um novo processo nas organizações, que é a **gestão de marketing**.

Quadro 1 – Padrões da evolução do conceito de marketing no século XXI

```
┌─────────────────────────┐              ┌─────────────────────────┐
│ Marketing como função   │              │ Marketing como atividade│
│ organizacional e conjunto│ ←────────→  │ que agrega valor para o │
│      de processos.      │              │ cliente e à sociedade   │
│                         │              │       em geral.         │
└───────────┬─────────────┘              └───────────┬─────────────┘
            ▼                                        ▼
┌─────────────────────────┐              ┌─────────────────────────┐
│ Foco: agregar valor para│              │ Foco: inserir a empresa │
│ o cliente = satisfazer  │              │ no ecossistema social = │
│ os desejos do consumidor│              │ parâmetros de           │
│ e atingir os objetivos  │              │ responsabilidade social.│
│ da organização.         │              │                         │
└─────────────────────────┘              └─────────────────────────┘
                    ┌──────────────────────────────────────┐
                →   │ Marketing como interação com o cliente│  ←
                    ├──────────────────────────────────────┤
                    │ Foco: a marca e as novas tecnologias │
                    └──────────────────────────────────────┘
```

Ressaltamos que os aspectos destacados nesse resumo são atuais, coexistentes e foram agregados aos procedimentos de marketing.

Você deve estar ansioso. Afinal, precisamos de mais informações sobre **como agir**. Mas tenha calma! No final deste capítulo, além de estar pronto para responder quando lhe perguntarem o que é marketing, você provavelmente terá uma ideia da linha de ação nessa atividade.

Tradução literal

Com esse propósito, vamos fazer uma breve digressão em relação às origens do termo **marketing**. Esse vocábulo chegou até nós vindo do idioma inglês:

» *Market* (mercado) + *ing* (sufixo indicativo do gerúndio), significando estudo ou ciência do mercado; substitui a expressão *market research*, que significa estudo ou pesquisa de mercado.

» A etimologia do termo, de acordo com *Dicionário Houaiss da língua portuguesa* (Marketing, 2001, p. 1856, grifo do original), é: "*marketing* (1561), do v. *to market* (no sentido de 'negociar em mercado'), do lat. *mercátus* 'negócio, mercado'; no sentido particular de *mercadologia* ou *mercadização*, a acepção no inglês é de 1920".

Então, **marketing é mercadologia**? Sim, "estudo do mercado", na tradução literal.

Mas por que não usamos o termo *mercadologia*?

Pelo simples fato de não ter "caído no gosto" ou, ainda, por não ter o *glamour*, vocábulo que, segundo o *Dicionário Houaiss da língua portuguesa* (Glamour, 2001, p. 1455), significa o mesmo que *magnetismo*. Por exemplo, o termo *mercadólogo* soa bem diferente da expressão *profissional de marketing*.

Mas se existe o **profissional de marketing**, você deve estar curioso para saber se este é o mesmo que **marqueteiro**!

De fato, não poderíamos – mesmo que quiséssemos – deixar de falar sobre esse termo muito utilizado e pouco conhecido. *Marqueteiro* é a pessoa que não tem formação e/ou conhecimentos teóricos e, muitas vezes, utiliza o marketing de forma errônea, empregando técnicas sem a percepção de suas consequências.

Mercado

Agora que já sabemos que marketing também significa "o estudo de mercado", cabe definirmos o que é mercado.

Mercado é o lugar (físico e/ou abstrato) onde surgem dois fenômenos: o da oferta e o da demanda (procura).

Aliás, se você procurar no *Dicionário Houaiss da língua portuguesa*, encontrará que o termo *mercado*, sob o enfoque da área econômica, traduz os seguintes significados (Mercado, 2001, p. 1897):

[...]

6 concepção das relações comerciais baseada essencialmente no equilíbrio de compras e vendas, segundo a lei da oferta e da procura

Ex.: <*economia de m.*> <*preço de m.*>

[...]

7 lugar teórico onde se processam a oferta e a procura de determinado produto ou serviço

Ex.: <*o m. da lã*> <*o m. do ouro*>

[...]

8 conjunto de consumidores que absorvem produtos e/ou serviços; o meio consumidor

Ex.: <*conquistar um m.*> <*o m. jovem só tende a crescer*> <*lançar um produto no m.*> <*o m. de discos*>

[...]

9 conjunto de transações econômicas entre vários países ou no interior de um país

Ex.: <*m. exterior*> <*m. internacional*> <*m. interno*>

Na área de marketing, consideramos que devemos observar com atenção todas essas definições, pois elas estão interligadas e expressam o espaço do fenômeno mercadológico em suas diversas abrangências ou direcionamentos.

Oferta e demanda

Podemos exemplificar **oferta** e **demanda** de forma simples. Você já foi a uma feira livre? Ali existem pessoas que oferecem produtos e também pessoas que demandam produtos, ou seja, procuram produtos.

Figura 1 – Feira livre

Outro exemplo é o mercado financeiro (abstrato), composto por diversas instituições financeiras: não necessitamos vê-las nem devemos estar fisicamente "no mercado" para saber que ele existe.

Não esqueça que existem outras formas de evidenciar o mercado! Por exemplo, há o mercado imobiliário: pessoas e empresas comprando e vendendo, entre outras atividades inerentes ao processo de comercialização do qual participam diversas outras instituições.

Dinheiro e moeda

De acordo com o *Dicionário Houaiss da língua portuguesa* (Moeda, 2001, p. 1943; Dinheiro, 2001, p. 1044) os termos *dinheiro* e *moeda* correspondem a significados similares, interligados, embora não idênticos, pois sua similaridade depende do contexto de uso do vocábulo. No entanto, ambos se relacionam a aspectos de **troca** e de **valor**. Vejamos o que diz o dicionário:

> Moeda: "peça de metal [...] cunhada por instituição governamental" que representa o valor do objeto trocado por ela; meio pelo qual são feitas as transações comerciais; dinheiro.
>
> Dinheiro: moeda ou célula usada para comprar bens, serviços etc.

Por isso, quando compramos determinados produtos ou contratamos serviços, na maioria das vezes utilizamos dinheiro, cheque ou cartão. Nessas situações, o dinheiro nada mais é do que o meio que usamos para definir o quanto vale o produto ou o serviço. Parte de nosso salário é utilizada como moeda de troca, seja por alimentos, por moradia ou lazer, entre outras necessidades.

Desejos e necessidades

E como conseguimos algo de que **necessitamos** ou que **desejamos**?

Podemos escolher: fabricando, ganhando, trocando ou, ainda, roubando – este último com consequências que não desejamos a ninguém. Então, a troca é a forma mais comum de se obter produtos ou serviços.

Mas quando eu sei que é por desejo ou por necessidade?

A palavra *desejo*, segundo o *Dicionário Houaiss da língua portuguesa* (Desejo, 2001, p. 974), expressa:

ato ou efeito de desejar; aspiração humana diante de algo que corresponde ao esperado

1 *aspiração humana de preencher um sentimento de falta ou incompletude; querer, vontade; [...]*

2 *expectativa consciente ou inconsciente de possuir (um objeto) ou alcançar (determinada situação que supra uma aspiração do corpo ou do espírito); ambição, exigência. [...]*

Enfim, envolve aspirações relativas a exigências intelectuais, emocionais e/ou físicas. Estas, por sua vez, podem ser objetivas ou subjetivas.

A palavra *necessidade*, de acordo com o *Dicionário Houaiss da língua portuguesa*, significa "qualidade do que é necessário, do inevitável, do útil e/ou imprescindível" (Necessidade, 2001, p. 2002).

Vamos aos exemplos que tornam muito mais fácil o entendimento!

1. A fome e a ânsia por determinado alimento:
   > Fome é **necessidade**.
   > O que comer é **desejo**.

> Troca: é um ato pelo qual duas partes envolvidas em um negócio fazem um acordo espontâneo de dar algo para receber algo, no qual está pressuposto o benefício de ambos os lados. Segundo o *Dicionário Houaiss da língua portuguesa*, é a "transferência mútua de qualquer coisa entre seus respectivos donos". (Troca, 2001, p. 2773).

> Por exemplo, quando escolhemos o arroz e o feijão para saciar a fome, acabar com a nossa fome é a necessidade. Já os dois cereais (arroz e feijão) representam, no entanto, o desejo, principalmente quando os escolhemos por lembrar a nossa casa, por exemplo. Ou ainda quando alguém passa determinado tempo fora do Brasil e sente "saudades" do arroz e do feijão.

2. A locomoção e a opção por determinado meio de transporte:
   > A **necessidade** de locomoção pode ser atendida se caminharmos, andarmos de bicicleta ou mesmo de carro, entre outros meios de transporte, dependendo da distância.
   > Agora, escolher com qual carro ir ou, ainda, escolher sua cor, atende a um **desejo** e esclarece muito bem a diferença entre desejo e necessidade.

3. A sede e a bebida:
   > Você pode estar com sede – **necessidade**!
   > Um refrigerante gelado ou um café bem quentinho – **desejo**!

Esse mesmo processo acontece quando temos a ideia de adquirir um imóvel. Sabemos, nessa situação, que o benefício principal é o de abrigar, proteger, ou seja, a **necessidade** de proteção e de abrigo. Contudo, quando imaginamos, por exemplo, a cor daquele imóvel, essa projeção expressa o nosso **desejo**.

A teoria de Maslow

A teoria de Maslow sobre a hierarquia das necessidades humanas esclarece que, a partir do momento em que o indivíduo está satisfeito, ele passa imediatamente para a busca da realização das necessidades subsequentes. Os níveis hierárquicos são dispostos em uma gradação que vai do menos importante (pelo grau de urgência) ao mais importante, ou seja, de maior urgência.

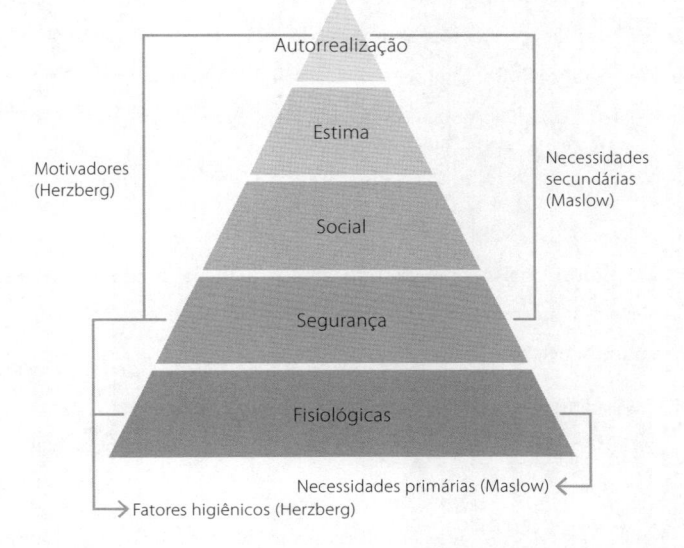

Figura 2 – Pirâmide de Maslow

```
                    Autorrealização
                        Estima
  Motivadores                              Necessidades
  (Herzberg)            Social             secundárias
                                           (Maslow)
                       Segurança
                      Fisiológicas
                    Necessidades primárias (Maslow)
  → Fatores higiênicos (Herzberg)
```

Fonte: Adaptado de Knapik, 2005, p. 143.

Como você pôde observar na *Pirâmide de Maslow*, as **necessidades secundárias** (as do âmbito social, de estima e de autorrealização) funcionam como "fatores motivacionais", de acordo com a terminologia de Herzberg (psicólogo e pesquisador contemporâneo de Maslow), enquanto as **necessidades primárias** (aquelas da esfera da fisiologia e da segurança) funcionam como "fatores higiênicos", também na concepção de Herzberg. No entanto, todos esses fatores ou necessidades compõem o processo motivacional e são fundamentais na gestão de marketing.

Perguntas e respostas

O que levou Maslow a desenvolver essa teoria sobre as necessidades?
Abraham Harold Maslow, doutor em Psicologia, durante vários anos acompanhou os estudos sobre o comportamento de macacos. Isso despertou o seu interesse pela motivação humana, o que resultou na formulação da teoria sobre

a hierarquia das necessidades humanas. Posteriormente, publicou a obra *Motivation and personality* e interessou-se pela área de gestão de negócios. Estabeleceu, então, relações entre teorias de motivação e personalidade com a área de gestão. No final da década de 1960, foi agraciado com o título de Humanista do Ano pela Associação Americana de Psicologia. Maslow nasceu em 1908 e faleceu em 1970.

Objetivo do marketing

Se, como profissionais do marketing, temos a incumbência de satisfazer aos desejos e às necessidades dos nossos diversos públicos, então **qual é o objetivo do marketing?**

> Não podemos esquecer que as pessoas buscam benefícios e as empresas também. Diante disso, precisamos lembrar que o objetivo do marketing é o **lucro**!

Mesmo nas ONGs? De certa forma, sim, embora, nesse caso, trate-se apenas de um retorno para dar suporte às atividades, pois as organizações não governamentais também precisam das fontes de financiamento para seus projetos e, ainda, para a remuneração das pessoas que atuam na prestação dos serviços e para a manutenção das estruturas. Obviamente, nesse âmbito, trata-se apenas de lucro para a sustentação ou operacionalização.

E as pessoas? O objetivo delas também é o lucro. Quando utilizamos o marketing pessoal, temos um objetivo que não é, necessariamente, o dinheiro. Esse benefício (lucro) pode ser moral, intelectual e – por quê não? – uma vantagem financeira (por exemplo, a estratégia que auxilia na conquista do tão sonhado emprego).

Não podemos esquecer que o lucro deve ser sustentável do ponto de vista do marketing. Ou seja, as organizações devem praticar o "ganha-ganha", portanto a vantagem deve ser mútua. Diferentemente do que ocorria há algumas décadas, a manutenção de um relacionamento estável com o cliente é o que proporcionará lucros por mais tempo; como consequência, a empresa terá menores custos, pois a manutenção das contas (clientes) gera menos gastos do que a busca por novas contas.

Um exemplo disso é a utilização, por parte das instituições financeiras, do crédito de forma consciente e responsável. Essas organizações bancárias pesquisaram e constataram que, muitas vezes, o cliente usava o crédito a ele destinado de maneira irregular e, assim, não cumpria com os pagamentos. O resultado desse procedimento era que os bancos não recebiam – ou demoravam a receber os valores – e ainda perdiam os clientes, não podendo, em razão disso, receber as taxas nem vender os demais **serviços**.

Estudo de caso

Vamos ver, a seguir, exemplos de campanhas de alguns bancos no sentido de orientar o seu cliente quando este for usar o crédito.

Exemplo 1

O Banco Real, por exemplo, orienta seus clientes com uma campanha intitulada *Organize suas finanças e faça seu dinheiro render*. O texto enfatiza a responsabilidade, a organização e, além disso, apela para a motivação por meio de sugestões que remetem às necessidades e aos desejos das pessoas: "Quanto antes você começar, mais fácil será alcançar seus objetivos: a tão sonhada viagem [...], um carro, um apartamento e até mesmo sua tranquilidade diante de qualquer imprevisto" (Banco Real, 2009).

Exemplo 2

Orientação do Banco Bradesco aos seus correntistas

São muitas as operações de crédito oferecidas pelo banco. Com elas, é possível adquirir bens, realizar sonhos, concretizar objetivos. Mas para que esse recurso seja eficiente, é importante considerar alguns aspectos na hora de utilizá-lo:

> Veja qual é o valor da parcela mensal que você pode pagar, sem comprometer o planejamento do seu orçamento. Considere também a taxa de juros, que interfere nesse valor e que, muitas vezes, é esquecida na hora de contratar uma operação

de crédito. Atente-se ao prazo. Ele também pode interferir na taxa de juros que será aplicada na contratação.

Faça simulações das parcelas ou empréstimo. Por meio das máquinas de autoatendimento ou pela internet, você faz simulações de algumas operações de crédito. Assim, fica mais fácil programar ou até mesmo escolher a opção adequada para cada situação. [...]

Faça comparações no mercado para obter a melhor condição. [...]

Nunca admita a colocação forçada de produtos. Você não é obrigado a adquirir algo que não queira. [...]

Antes de assinar qualquer contrato, certifique-se das condições contratuais. Caso tenha dúvidas, não tenha pressa em assinar, procure primeiro entender como funciona e se realmente o contrato está dentro do esperado. [...]

Mantenha sempre sua situação cadastral regularizada para ter acesso ao crédito na hora da necessidade. Para verificar se há alguma restrição em seu nome, consulte os órgãos de proteção ao crédito, como o SPC e a Serasa. [...]

Com essas precauções, você irá contratar um empréstimo com responsabilidade, evitará preocupações e reduzirá a possibilidade de endividamento (Bradesco, 2009).

Veja que, nesse texto do Bradesco, também há a preocupação da organização com os cuidados que o cliente deve ter na hora de fazer operações de crédito para não ficar sujeito à "possibilidade de endividamento".

E afinal, na prática, **o que é o marketing**?

Mais uma vez, não se esqueça do objetivo do marketing – **lucro**!

O objetivo do marketing é o lucro e seu dever é atender às necessidades do cliente e aos objetivos da organização, além de estabelecer uma cultura na empresa que beneficie a sociedade como um todo, assim agregando valor.

Vamos elaborar um quadro explicativo que agrega todos esses aspectos do marketing.

Quadro 2 – Aspectos operacionais do marketing

```
                    ┌─────────────┐
                    │  Marketing  │
                    └─────────────┘
          ↓                ↓                ↓
    ┌──────────┐     ┌──────────┐     ┌──────────┐
    │ Objetivo │     │  Ações   │     │   Foco   │
    └──────────┘     └──────────┘     └──────────┘
          ↓                ↓                ↓
       Lucro        Criar, comunicar, inovar,   O cliente, a empresa,
                    distribuir, interagir,      a sociedade, as novas
                    valorar, gerir.             tecnologias.
```

Portanto, como você pôde acompanhar pelas várias definições e concepções aqui apresentadas, o marketing está envolvido em todo o processo de uma empresa – envolve a produção, as relações internas e externas (cultura da empresa), a distribuição, a venda etc.

E como acontece a prática de marketing nas organizações?

A efetiva implantação e operacionalização dos processos relativos ao marketing em uma empresa dependem da visão de marketing de seus gestores. Assim, apesar do avanço considerável nas concepções mercadológicas, na prática encontramos organizações estruturadas em três tipos de marketing: o **operacional**, o **tático** e o **estratégico**. Vejamos o que isso significa!

» **Operacional**: relativo a ações operacionais, normalmente constitui-se em um departamento que **executa atividades** de produção de materiais de vendas, promoções e campanhas publicitárias, entre outras. Não elabora estudos ou planos de mercado, apenas executa.

» **Tático**: envolve-se com os negócios da empresa, com as decisões comerciais, com as políticas de venda e pós-venda e com o estabelecimento de preços, canais de distribuição e parcerias. Está efetivamente ligado às **vendas**, embora seja mais do que venda.

» **Estratégico**: estuda o mercado e propõe as linhas de ação que podem garantir a continuidade do negócio. Isso se realiza por meio da

> "Os ecossistemas compreendem áreas específicas constituídas por clima, solo e comunidades de plantas e animais, bem como pela inter-relação entre essas partes de modo a permitir que o sistema funcione por inteiro. Esses sistemas não são fechados, embora diferentes, eles, pela própria condição de fazerem parte de um todo (biosfera), compartilham elementos com os outros ecossistemas, como sementes que podem ser levadas de uma região para outra, animais que atravessam os espaços geográficos, os nutrientes contidos no solo e distribuídos em várias áreas; bem como a água, o sol, a chuva [...] " (Berté, 2009). Agora é só transportarmos essa concepção para a sociedade e teremos a compreensão do que seja "ecossistema social".

definição de táticas, da operacionalização das propostas e processos, do monitoramento da evolução do mercado e da elaboração de planos mais amplos e/ou abrangentes que envolvem a organização como um todo. É a **gestão de marketing**.

Esses aspectos estruturais dependem da filosofia de gestão da empresa. Logo, os fatores culturais e de visão do empresariado, ou das cabeças que orientam as organizações, acabam por determinar a visão e a missão destas e, consequentemente, suas linhas de gestão.

Como as organizações estão orientadas?

Elas direcionam seus processos de acordo com suas filosofias (cultura) e objetivos. Encontramos organizações direcionadas para:

» a produção;
» o produto;
» as vendas;
» o marketing;
» o **ecossistema** social.

No seu cotidiano, você pode identificar exemplos de filosofias de empresas nas suas posturas mercadológicas, expressas por meio dos comerciais e que nem sempre refletem o pensamento dominante nas áreas de marketing. Para facilitar tal análise, iremos verificar alguns exemplos, tomando por base as **orientações** em que ocorrem adaptações pertinentes às realidades atuais (Kotler; Keller, 2006). Consideramos, neste texto, as orientações direcionadas para a **produção**, o **produto**, as **vendas**, o **marketing** e as voltadas para o **ecossistema social**.

1. **Organização orientada para a produção**
    › **Objetivo dominante**: aumento da produção.
    › **Ação**: produzir e distribuir.
    › **Foco**: centrado na produção; produtos de baixo custo; produção em grande quantidade; valorização da eficiência; controle de custos e distribuição em massa.

- **Condições de mercado:** demanda maior que a oferta; clientes compram produtos disponíveis; clientes buscam o produto.

2. **Organização orientada ao produto**
   - **Objetivo dominante:** preocupação com o produto.
   - **Ação:** fabricar produtos com qualidade e aperfeiçoamento.
   - **Foco:** centrado no produto; produtos com qualidade superior; produtos com características inovadoras.
   - **Condições de mercado:** clientes compram produtos com qualidade superior, clientes compram produtos com desempenho superior e clientes querem produtos com características inovadoras.

3. **Organização orientada para vendas**
   - **Objetivo dominante:** vender muito e sempre.
   - **Ação:** vender muito e sempre; levar o produto ou serviço para todos.
   - **Foco:** no vendedor; vender o que se fabrica, não importando o que o cliente queira.
   - **Condições de mercado:** oferta maior que demanda; necessidade de promoção; clientes comprando com base na força de vendas.

Por exemplo, a campanha da rede **InterCity Hotéis Inteligentes** caracteriza bem a situação descrita: oferta maior que a demanda, concorrência e levar o serviço ao cliente. Inclusive podemos observar que ela recorre ao quesito "promoção" – no caso, para reservas via *web*.

Também são destacados, em sua propaganda, diferenciais de serviço (benefícios) que a tornam competitiva. Veja:

Serviços Inteligentes Free InterCity:
- » café da manhã
- » internet nos apartamentos
- » *business center*
- » *wireless* nas áreas comuns

Envie email para promocao@intercityhoteis.com.br e solicite seu voucher para desconto de 10% sobre sua reserva via web!

Fonte: InterCity, 2009.

O seu foco, portanto, é vender. Ou você ficou com dúvidas quanto a isso?

4. **Organização orientada para o marketing**
   › **Objetivo dominante**: conhecer os desejos e as necessidades dos clientes.
   › **Ação**: desenvolver produtos e serviços de acordo com as necessidades e desejos dos clientes.
   › **Foco**: centrado nos benefícios para os clientes, no comprador e na superação da concorrência.
   › **Condições de mercado**: clientes escolhem o que querem; oferta maior que a demanda; maior concorrência.

   Por exemplo, **você já observou as características** das propagandas das várias faculdades que oferecem cursos de graduação e pós-graduação a distância? Geralmente, os cursos são vários e as modalidades também (o cliente pode optar entre aulas uma vez por semana ou quinzenais, aulas ao vivo, via satélite e/ou *e-learning*). Logo, é o cliente quem escolhe. Há, primeiramente, o estudo dos desejos e das necessidades dele para, então, as organizações de ensino desenvolverem produtos e serviços específicos.

5. **Organização com marketing voltado para o ecossistema social**
   › **Objetivo dominante**: sustentabilidade.
   › **Ação**: produzir, distribuir e vender com responsabilidade social, econômica e ambiental.
   › **Foco**: nos recursos, nas pessoas e na organização.
   › **Condições de mercado**: público consciente, clientes mais exigentes, legislação e fiscalização mais severas.

   Você pode identificar essas características na propaganda da Ipiranga, que mostramos a seguir. Tudo ali está composto para apresentar a imagem da empresa e associá-la à responsabilidade social e ambiental: a árvore no chaveiro; o texto de chamada ("Para abastecer seu carro e o planeta, passe num posto Ipiranga"); o texto de apresentação do cartão *Carbono Zero*; bem como o texto de conscientização (Ipiranga, 2007).

Figura 3 – Propaganda *Carbono Zero*

Talent

Entretanto, com essas várias orientações que as organizações podem ter, você deve estar se perguntando:

> Como considerar uma definição para marketing quando ele está inserido em uma área sujeita a visões e formatos administrativos diversificados?

> Segundo o *Dicionário Houaiss da língua portuguesa*, o termo *social* significa "concernente à sociedade; relativo à comunidade, ao conjunto dos cidadãos de um país; coletivo" (Social, 2001, p. 2595).

É que o marketing não é uma ciência estática, até porque é uma ciência social. Ele passa por contínuas transformações e permanentes processos de inovação, atrelados às transformações sociais, econômicas e tecnológicas da sociedade.

Síntese

Embora os gestores e/ou os empreendedores tenham diferentes visões em relação ao papel do marketing na organização, isso não altera ou diminui a sua importância para a **gestão**.

> Lembre-se de que o objetivo do marketing é, na forma mais breve e direta de expressá-lo, **o lucro**!

No entanto, esse **lucro** pode significar e abranger diferentes valores e estar inserido em diferentes contextos. É esse multidirecionamento de filosofias das organizações e mercados, além da diversidade de recursos, que geram tantas e variadas práticas de marketing. Logo, para compreendermos a atividade de marketing, é importante analisarmos os **tipos de marketing** de acordo com as respectivas áreas.

> Aron Belinky é secretário executivo do Grupo de Articulação das ONGs Brasileiras (GAO), na ISO 26000 (a futura norma internacional de responsabilidade social). Seu *e-mail* para contatos é: <aron@ecopress.org.br>.

De forma abrangente, é necessário não perder a perspectiva de que o marketing, essencialmente, objetiva o **lucro** e, neste século XXI, cada vez mais participa nos processos de gestão das organizações, apresentando múltiplas alternativas de procedimentos operacionais, inúmeras estratégias e técnicas, tantos quantos forem os elementos e as formas capazes de comunicar e interagir com o público-alvo.

Questões para revisão

Vamos agora trabalhar com o conhecimento até aqui discutido e com um artigo, publicado na revista *Guia Exame 2008*, de Aron Belinky. São respostas pessoais ou de interpretação, mas que devem se pautar pelas informações sobre marketing e sobre conhecimento de mundo. Confira o texto a seguir.

O poder das palavras
Conceitos como "sustentabilidade" e "responsabilidade social corporativa" não devem ser encarados pelas empresas como meros modismos de gestão e de marketing

Sustentabilidade ou responsabilidade social empresarial? Mas por que apenas social? Não deveria ser responsabilidade socioambiental? E onde foi parar o desenvolvimento sustentável? Essas e outras perguntas parecidas têm rondado as conversas e os pensamentos de muita gente, sinalizando uma perigosa confusão. Cada um desses conceitos tem um importante valor, e o que significam vai muito além dos modismos de gestão ou de comunicação.

É fácil errar quando uma empresa ou seus dirigentes não têm clareza sobre o que de fato significam as bonitas palavras que estão em suas missões e valores ou em seus relatórios e peças de marketing. Infelizmente, não passa um dia sem vermos claros sintomas de confusão. O que dizer de uma empresa que mal começou a praticar coleta seletiva e já sai por aí se intitulando "sustentável"? Ou da que anuncia sua "responsabilidade social" divulgando em caros anúncios os trocados que doou a uma creche ou campanha de solidariedade? Na melhor das hipóteses, elas não entenderam o significado desses conceitos. Ou, se formos um pouco mais críticos, diremos tratar-se de oportunismo irresponsável, que não só prejudica a imagem da empresa mas – principalmente – mina a credibilidade de algo muito sério e importante. Banaliza conceitos vitais para a humanidade, reduzindo-os a expressões efêmeras, vazias.

Hoje, vejo empresas criando áreas de "sustentabilidade" em paralelo com seus departamentos de "responsabilidade social" ou simplesmente rebatizando as áreas que já tinham. Vejo tratarem "responsabilidade social" como uma ideia fora de moda, envelhecida frente à atualíssima "sustentabilidade". Isso já seria grave pela confusão que cria entre seus funcionários. Porém, ainda mais grave é a dúvida transmitida ao mercado e aos demais *stakeholders*: qual o real compromisso da empresa? É com a construção de um mundo socialmente justo, ecologicamente viável e economicamente próspero? Ou é com seu desejo de parecer atualizada e sintonizada com as prioridades de momento?

A questão não é a precisão técnica das palavras utilizadas: é o que a maneira de usá-las revela sobre quem realmente somos e sobre o que de fato desejamos.

É bom que as empresas queiram ser sustentáveis e socialmente responsáveis. É ótimo que comecem a fazer algo nesse sentido. Mas é péssimo quando, ao tentar fazer isso, elas reforçam os argumentos de quem deseja jogar a responsabilidade social empresarial na vala comum das espertezas marqueteiras.

Para concluir, um lembrete prático: sustentabilidade é a qualidade do que é sustentável, ou seja, da situação que pode se manter continuamente, pois não exaure os recursos de que necessita. É a situação que a humanidade almeja para não correr o risco de sua autoextinção. Desenvolvimento sustentável é o modelo de progresso econômico e social que permitirá que todos os seres humanos atinjam boas condições de vida – sem comprometer nossa sustentabilidade. Finalmente, ter responsabilidade social empresarial (ou corporativa) é conduzir uma empresa de forma que ela contribua para o desenvolvimento sustentável (incluindo assim tanto os aspectos ligados ao meio ambiente como os ligados às condições sociais e às relações saudáveis com consumidores, trabalhadores e demais *stakeholders*).

Em suma, não são modas novas *versus* antigas ou conceitos que se substituem indiscriminadamente: são faces de um mesmo processo. Peças do mesmo quebra-cabeça que – juntos – estamos aprendendo a montar.

Fonte: Belinky, 2008, grifo do original.

1. Com qual conceito de marketing apresentado neste estudo você interliga a opinião do autor do artigo *O poder das palavras* sobre qual deva ser o papel do marketing?
2. Nessa leitura (exercício) da prática do marketing, vamos comparar as

definições de marketing operacional, tático e estratégico com a visão de Aron Belinky (expressa no penúltimo parágrafo do artigo). Em seguida, você deve justificar qual dessas três estruturas de marketing (operacional, tática, estratégica) melhor prepara a organização para realizar suas atividades dentro de um processo de **sustentabilidade** e com **responsabilidade social**.

3. Você concorda com a opinião expressa em trecho do segundo parágrafo do artigo (transcrita a seguir)? Se sim ou não, pondere e justifique sob o enfoque de um profissional de marketing.

> O que dizer de uma empresa que mal começou a praticar coleta seletiva e já sai por aí se intitulando "sustentável"? Ou da que anuncia sua "responsabilidade social" divulgando em caros anúncios os trocados que doou a uma creche ou campanha de solidariedade? Na melhor das hipóteses, elas não entenderam o significado desses conceitos.

4. A palavra *marqueteiras* foi usada adequadamente no quinto parágrafo do artigo? Justifique.

5. No terceiro parágrafo, quando o autor diz "[...] ainda mais grave é a dúvida transmitida ao mercado e aos demais *stakeholders*", o termo *mercado* possui qual abrangência e/ou significado?

capítulo 2
áreas e tipos de marketing

Conteúdos do capítulo

- Alguns aspectos que influenciam a prática do marketing nas organizações.
- Finalidades básicas do marketing.
- Características das principais áreas do marketing.
- Características dos principais tipos ou modalidades de marketing utilizados pelas diversas áreas.

Após o estudo deste capítulo, você será capaz de...

- Identificar o foco de abrangência do marketing de acordo com áreas de atividade.
- Destacar as diferenças entre as diversas áreas de marketing.
- Detalhar as características específicas de vários tipos ou modalidades do marketing, ou seja, o ferramental disponível para a operacionalização mercadológica.

Você possivelmente já observou as inúmeras denominações que acompanham a palavra *marketing*. Isso se deve ao fato de que essa área de atuação ganha cada vez mais especificidades: marketing direto, religioso, agrícola, pessoal, industrial, de serviços, de relacionamento, social, ambiental, societal, esportivo, de guerrilha, de emboscada, eletrônico, de varejo, político, promocional, entre tantas outras.

> E o que significam todas essas especificações? Ajudam a entender o que é o marketing?

Você lembra? No marketing, seja qual for o direcionamento e a forma, devemos considerar:

- » o **objetivo geral** – o lucro e/ou o bem-estar social (caso específico das instituições públicas e empresas do terceiro setor);

» o **objetivo dominante** do direcionamento ou da empresa;
» o **foco** – onde, quem e/ou o que é objeto do estudo e do planejamento;
» a **ação** – como se faz o processo e/ou o que o provoca;
» **quem** o utiliza.

Nas descrições a seguir, você verá que esses fatores são o sustentáculo de diferentes tipos de marketing distribuídos por diferentes áreas. Cabe ao gestor definir o que melhor serve aos objetivos da empresa. Vejamos!

Áreas de marketing

O uso do marketing atende a **três finalidades** básicas: **institucional, comercial e social**.

Figura 4 – As finalidades do marketing

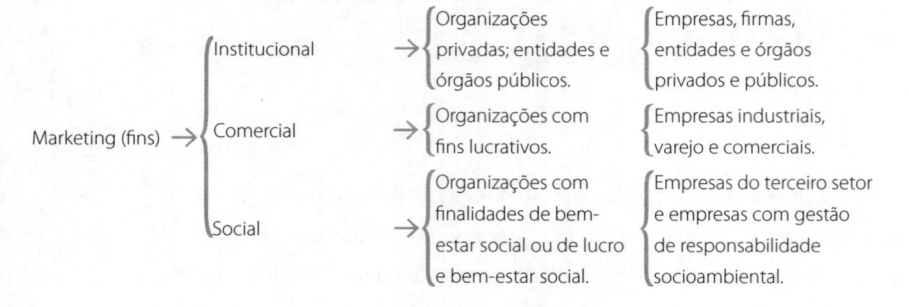

Marketing (fins)			
Institucional	→	Organizações privadas; entidades e órgãos públicos.	Empresas, firmas, entidades e órgãos privados e públicos.
Comercial	→	Organizações com fins lucrativos.	Empresas industriais, varejo e comerciais.
Social	→	Organizações com finalidades de bem-estar social ou de lucro e bem-estar social.	Empresas do terceiro setor e empresas com gestão de responsabilidade socioambiental.

São esses direcionamentos que nos permitem visualizar áreas de atuação do marketing de acordo com as **áreas de atividades**.

Como estamos falando em *área* (área de atividade, áreas de marketing), vamos primeiro recorrer ao *Dicionário Houaiss de língua portuguesa* para nos certificarmos do correto entendimento desse termo (Área, 2001, p. 281, grifo nosso).

1 **extensão mais ou menos limitada de espaço, território ou superfície**

Ex.: <*estavam entrando na á. de São Paulo*> <*por segurança não se afastava das á. da fronteira*>

2 **campo em que se exerce determinada atividade**

Ex.: <esse problema pertence à á. científica> <a polêmica se restringia à á. teatral>
3 Derivação: sentido figurado, **espaço reservado para uma função específica**.
Ex.: a á. dos grandes negócios em Londres.

Como você pode analisar, o termo *área* envolve os conceitos de espaço, atividade e função determinada. É sob esse paradigma que vamos classificar as áreas de marketing. Vamos às principais!

Marketing industrial

Nessa área, o marketing opera com técnicas que focam a especialização do produto, os processos de pré-venda, venda e pós-venda (inclusive garantias), bem como a definição das instalações para o produto. Normalmente o **marketing industrial** está inserido em gestões de organizações que trabalham, por exemplo, com:

» a fabricação de produtos das áreas química, médica, agrícola, marinha, de metais, entre outras;
» a extração de minérios;
» a transformação de matérias-primas de origem animal e vegetal em alimentos;
» a transformação de vegetais na área de madeira e papel;
» a produção e montagem de veículos.

Ao estudar a história do marketing, você teve ou terá a oportunidade de constatar que essa é uma área em que nossa atividade encontrou um campo promissor para atuar e evoluir. Isso, naturalmente, teve origem na série de transformações advindas da Revolução Industrial, as quais acabaram por influenciar toda a sociedade.

Marketing de serviços

Essa área, assim como a industrial, possui um amplo espaço de atuação. O **marketing de serviços** compreende atividades relacionadas, entre outras, com:

» alimentação;
» internet;

- » turismo;
- » hospedagem;
- » audiovisual;
- » construção;
- » telecomunicação;
- » saúde;
- » bancos;
- » informação;
- » serviços dos setores governamentais;
- » educação.

O marketing precisa usar técnicas específicas em razão de aspectos próprios dessa área. Em seu livro *Administração de marketing* (1998), Kotler destacou **quatro características básicas** das atividades de serviços: **inseparabilidade, intangibilidade, variabilidade e perecibilidade**.

- » **Inseparabilidade**: a compra e o consumo do serviço são simultâneos. Há uma interação entre o prestador e o cliente, pois ambos interferem no resultado. Por exemplo, a honestidade do paciente interfere no resultado do diagnóstico ou do tratamento, assim como a eficiência do médico.
- » **Intangibilidade**: o cliente compra o serviço e depois verá o resultado. Por exemplo, uma consulta médica ou um seguro de carro ou de vida.
- » **Variabilidade**: o serviço está sujeito à condição de "quem realiza", "quando realiza", "onde" e "como" ele é realizado. Por exemplo, em um atendimento médico há interferência de variáveis, como o médico, os equipamentos que ele tem à disposição, os auxiliares etc. Uma das causas é a alta dependência do fator humano.
- » **Perecibilidade**: o serviço não pode ser estocado. Por exemplo, a manutenção da rede de computadores de uma empresa, ou, ainda, a aula ou o corte de cabelo, caso você não execute o serviço na data, pois amanhã ele será outro. Nessa condição, existe uma alta dependência do fator tempo.

Para saber mais

A obra *Marketing de serviços* é um excelente referencial para você ampliar seus conhecimentos sobre o tema. Direcionada para o gerenciamento estratégico – neste momento em que ocorrem profundas mudanças na indústria de serviços e nas condições de mercado, em que os serviços inovadores tendem a atingir um poder de diferenciação muito grande –, constitui-se em leitura bastante interessante: LOVELOCK, Cristopher; WIRTZ, Jochen. *Marketing de serviços*. São Paulo: Prentice-Hall, 2006.

O marketing de serviços é uma das áreas mais abrangentes, pois está em constante crescimento. Isso é possível de constatar se pararmos para refletir sobre quanto/qual tipo de serviço você utiliza (e/ou estão disponíveis) no seu entorno. Já observou?

Vamos conferir os dados do IBGE apresentados no artigo *Participação de serviços chega a 67% em 2008* (são informações relativas ao mercado brasileiro).

Participação de serviços chega a 67% em 2008

No que depender da fotografia da economia registrada no final do ano passado, o Brasil tende a ser menos industrial e mais sustentado pelos serviços em 2009. A participação do setor passou de 64% para 67% do PIB em plena crise. Ao mesmo tempo, a fatia da indústria recuou de 28% para 23% entre setembro e dezembro. Outra mudança é a maior participação dos investimentos públicos na economia. "O ano de 2008 pode ser dividido em dois momentos, antes e depois da crise", disse o chefe do Departamento de Contas Nacionais do IBGE, Roberto Olinto. O crescimento de 5,1% no ano passado foi o segundo maior da história e ficou atrás somente dos 5,7% registrados em 2004 e 2007. A economia teria crescido 6,3% em 2008 se o ano tivesse terminado em setembro, antes do agravamento da crise.

Os serviços responderam por 3,1 ponto percentual do crescimento de 5,1% do PIB. O setor cresceu 4,8% em 2008. Movido pelo aumento do crédito, o segmento de intermediação financeira cresceu 9,1%, refletindo os ganhos dos bancos e seguradoras. Serviços de informação cresceram 8,9%, enquanto o comércio exibiu aumento de 6%. Por ter uma indústria fortemente exportadora, o impacto da recessão global sobre este setor é maior do que nos serviços.

A indústria contribuiu com 1,3 ponto percentual do crescimento do PIB e a agropecuária com 0,4 ponto. Os dois setores cresceram respectivamente 4,3% e 5,8%. Os impostos sobre produtos aumentaram 7,4%. Com 30% a mais de crédito, o setor de construção civil cresceu 8% em 2008. Já a indústria de transformação encerrou o ano com alta de 3,2%, impulsionada pela produção de aviões, navios, remédios, cimento, álcool e produtos metálicos. Os piores resultados partiram dos segmentos de madeira, de produtos químicos, material eletrônico e de comunicações, couro e calçados, máquinas para escritório, equipamentos de comunicação e material elétrico e de comunicações – refletindo a indisposição de investir de algumas empresas. Outro empurrão na indústria foi a produção de petróleo, que aumentou 5,2%.

O consumo das famílias cresceu, pelo quinto ano consecutivo, 5,4%. E o salto de quase 14% na Formação Bruta de Capital Fixo fez a taxa de investimento ser a melhor desde o início da série, em 2000: 19% do PIB. Por outro lado, a taxa de poupança recuou para 16,7%. Também houve disparada na necessidade de financiamento do País em relação ao resto mundo, já que o saldo externo foi mais uma vez negativo. O País precisou de R$ 57,1 bilhões para fechar as contas. O envio de lucros e dividendos aumentou, as exportações recuaram 0,6% e as importações aumentaram 18,5%.

Fonte: Baldi, 2009b.

Provavelmente pela sua dinâmica, a **área de serviços** apresenta inúmeras inovações. Como exemplo, temos o caso da saúde: se por um lado não é possível administrar a demanda de doenças (planos médicos, odontológicos, hospitalares), por outro há a possibilidade de orientar a população sobre a prevenção e o melhor uso do plano por meio de canais de comunicação.

Um modelo concreto desse tipo de procedimento foi o adotado pelo plano de saúde da Paraná Clínicas, como bem o expressa a capa do guia de saúde (ver ilustração a seguir). Nesse livreto – distribuído para seus clientes – há orientações práticas sobre como respirar, fazer alongamentos, alimentar-se, hidratar-se, entre outros procedimentos.

Figura 5 – Publicação da Paraná Clínicas

Logo na primeira página, depois desse "Viva!" contundente na capa, encontramos a seguinte chamada à responsabilidade do usuário em relação a sua vida/saúde:

> A Paraná Clínicas acredita que
> a saúde é um estilo de vida.
>
> Um objetivo. Uma filosofia. A busca do
> equilíbrio perfeito entre mente, corpo e
> espírito. Um direito que você tem a
> uma vida longa e feliz.
>
> Você pode fazer mais pela sua saúde.
> Seja praticando atividades físicas,
> alimentando-se bem, adotando
> hábitos saudáveis.

Fonte: Paraná Clínicas, 2009.

Algo que tanto os empreendedores como os profissionais de marketing precisam considerar nesse mercado em constante movimento é a expansão que ocorre nas atividades relacionadas à prestação de serviços. Portanto, é um campo promissor para a área de marketing.

Marketing de varejo

Estão incluídas na área de **varejo** as atividades relativas a **revendas em geral**:
- » redes de varejo;
- » lojas independentes;
- » franquias;
- » supermercados;
- » micro e pequenas revendas;
- » vendas de porta em porta;
- » negócios informais.

Para o professor e consultor de empresas Ito Siqueira (2005), a função do marketing no varejo é "proporcionar 'momentos mágicos' para que o cliente sempre tenha uma boa imagem de todos os instantes em que teve contato com a empresa". No entanto, além disso, o marketing de varejo é **essencialmente planejamento**.

Os profissionais de marketing, no quesito **varejo**, devem estar atentos para atingir, entre seus objetivos principais, o **retorno do cliente**.

Marketing internacional

Essa área compreende atividades de produção e serviços. Sua característica particular é a necessidade de **adaptação aos diversos mercados** (globalização das atividades da empresa) em que irá atuar. De acordo com a Câmara Brasileira de Comércio no Reino Unido (citada por Bernard, 2007, p. 27),

> o marketing internacional é o conjunto de atividades, destinadas à satisfação de necessidades específicas, que inclui a divulgação e a promoção da empresa exportadora e de seus produtos nos mercados externos. O êxito nas exportações está intimamente relacionado com a divulgação da empresa e de seus produtos no exterior, razão pela qual os exportadores brasileiros devem dar atenção especial a esta atividade. Cabe assinalar que a propaganda é apenas uma das atividades relacionadas com o marketing.

Nesse âmbito, uma das notícias que transcrevemos no próximo Estudo de Caso fala sobre um de nossos tradicionais produtos de inserção no mercado internacional – o **café**! A outra trata da relação entre subsídios e o mercado exportador.

Estudo de caso

Giro Global: Café brasileiro no Japão

O Japão é o principal alvo das ações estratégicas da Agência Brasileira de Promoção de Exportações (Apex). Adeptos ao tradicional chá, os japoneses estão consumindo cada vez mais café e dispostos a pagar caro por sabores diferentes e inovações. Nos últimos sete anos, as vendas brasileiras cresceram 21% ao ano, ganhando oito pontos no mercado japonês.

Fonte: Carta Capital; Exame; Gazeta Mercantil; Valor Econômico, citados por ABMN News, 2009b.

Agora, para fazermos uma comparação, vamos ler um trecho de uma notícia, publicada na internet no dia 27 de maio de 2009.

Washington volta a subsidiar exportação de lácteos

Os Estados Unidos reintroduziram subsídios na exportação de lácteos, provocando críticas furiosas do G-20, o grupo liderado pelo Brasil na Organização Mundial do Comércio (OMC). O G-20 fez um comunicado [...] condenando a medida americana, que copia subsídios também dados de novo pela União Europeia, afetando a competitividade de outros parceiros no comércio internacional. Para o grupo de países, a volta de subsídios à exportação [...] é mais um elemento para agravar o já combalido comércio mundial [...].

Fonte: Moreira, 2009.

Como podemos concluir, as exportações não envolvem apenas marketing. Elas são, por assim dizer, uma das forças propulsoras das relações internacionais. Logo, a responsabilidade do profissional de marketing nessa área é grande. Aliás, você consegue se imaginar nesse contexto?

Marketing social

Essa é uma área bem específica, pois compreende as organizações ou entidades privadas voltadas ao bem-estar social, cujo principal objetivo é angariar adeptos para uma determinada ação de cunho ético e abrangência cidadã. O **marketing social** situa-se no âmbito das organizações do **terceiro setor**.

Não devemos confundi-lo com marketing societal, pois este é praticado por organizações cujo perfil é a busca do lucro financeiro sobre um serviço ou produto, inclusive quando suas práticas são possíveis de serem enquadradas em um marketing **socialmente responsável** (Kotler, 2000). Já a **principal característica** do marketing social (ou seja, aquilo que o diferencia do societal) é **atuar na transformação ou em mudanças de comportamento da comunidade-alvo**.

Perguntas e respostas
O que é terceiro setor?

Segundo Kanitz (2009), o terceiro setor pode ser entendido como o setor "constituído por organizações sem fins lucrativos e não governamentais, que têm como objetivo gerar serviços de caráter público". Seu financiamento é privado, geralmente por intermédio de fundações e instituições.

Para uma melhor compreensão do processo que ocorre nessa área, você deve observar o seguinte:

Organização → Meio (social) → Fim (lucro)
Terceiro setor → Meio (lucro) → Fim (transformação do social)

A seguir, sintetizamos as **características básicas** do marketing social:
- seu **objetivo dominante** é a orientação para o benefício público;
- seu propósito ou **foco** são melhores condições sociais;
- sua **ação** é provocar a mudança social, gerando benefícios para a sociedade;
- é **utilizado** por organizações sem cunho lucrativo (mas cujos trabalhadores precisam ser remunerados pelo seu trabalho);
- **surge** em função, muitas vezes, de situações em que o Estado foi omisso (ecossistema social) ou nas quais empresas privadas foram negligentes, provocando danos socioambientais.

Portanto, o objetivo social se sobrepõe, aqui, ao propósito de geração de lucros (comercial), apesar de as organizações do terceiro setor também objetivarem compensações financeiras pelo trabalho executado, mas estas são apenas para a sustentação das atividades e não voltadas para o lucro monetário.

Marketing político

Essa área compreende as campanhas (relações e habilidades com o objetivo de obter algo) organizadas para o grande público (eleições municipais, estaduais ou federais), bem como aquelas direcionadas para os pequenos grupos envolvidos em **escolhas relacionadas a cargos** em entidades, autarquias, órgãos públicos etc. Nesse âmbito, houve a adaptação das técnicas do marketing (produtos e serviços) para as campanhas eleitorais.

Marketing religioso

É uma área cujas ferramentas situam-se na região do **simbólico**. Segundo alguns estudiosos, essa segmentação está entre as que deram origem ao marketing. Se considerarmos o objetivo do marketing, nesse contexto ele está direcionado para objetivos transcendentais, mas que se constituem de necessidades e projeções de desejos do humano.

Para melhor contextualizar esses fatos, você pode comparar a capa de um catecismo antigo (1724), cuja imagem apresentamos a seguir, com capas de anuários, livros e publicações religiosas encontrados nas livrarias atualmente.

Nossa Senhora e o Menino Jesus são apresentados em um enlace de amor maternal e filial: ternura, proteção, serenidade. São esses valores expressos na imagem da santa com o filho que ajudavam a divulgar a "imagem" da Igreja.

> Você pode, por exemplo, observar algumas imagens de marketing religioso atual no *site* Guia Católico, disponível em <http://www.guiacatolico.com/blog>.

> Você considera que diferem os recursos e objetivos das capas usadas em livros de um modo geral com as capas dos livros religiosos, hoje? Seria interessante você observar os recursos de mídia de que se vale o marketing religioso atualmente!

Figura 6 – Capa de livro de catecismo de 1724 (exemplo de marketing religioso na época)

Livro raríssimo impresso em 1724 nas missões espanholas do Novo Mundo. Ele demostra que os jesuítas também poderiam ter feito livros no Brasil.

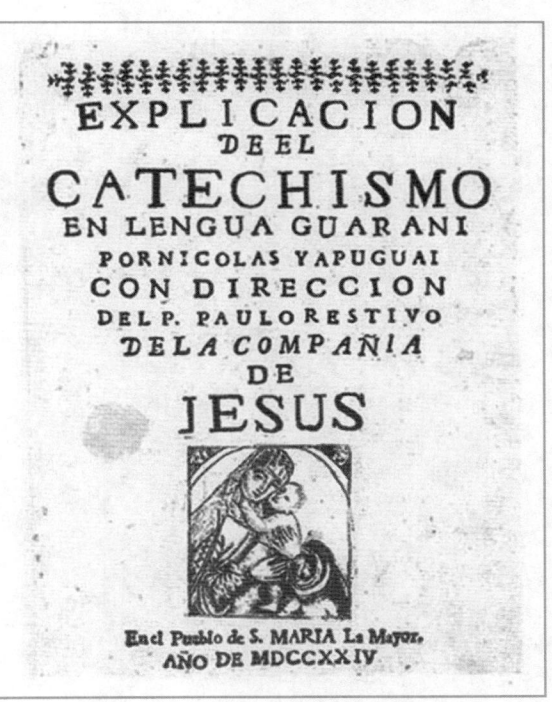

EXPLICACION DE EL CATECHISMO EN LENGUA GUARANI POR NICOLAS YAPUGUAI CON DIRECCION DEL P. PAULO RESTIVO DE LA COMPAÑIA DE JESUS

En el Pueblo de S. MARIA La Mayor. AÑO DE MDCCXXIV

Fonte: Camargo, 2003.

Para saber mais

Nesse contexto, é importante que você se informe sobre outras religiões e seus processos mercadológicos, pois a influência do marketing se estende a várias organizações religiosas. Como sugestão, indicamos o estudo *Segmentação na propaganda religiosa*, de autoria do professor Eduardo Refkalefsky (professor adjunto da Escola de Comunicação da Universidade Federal do Rio de Janeiro – ECO/UFRJ). Você pode acessá-lo na internet, no *site*: <http://www.almanaque dacomunicacao.com.br/files/others/Segmenta%C3%A7%C3%A3o%20 na%20propaganda%20religiosa.pdf>.

Uma questão para ser ponderada nessa área é a diversidade religiosa existente em nosso país e as diversas formas – **estratégias** – pelas quais várias igrejas alcançam seus públicos. Um demonstrativo dessa realidade está nos dados do Censo 2000, como você pode acompanhar no texto a seguir.

Religião

O Brasil é um país de grande diversidade religiosa. No Censo 2000, a maioria da população se declarou católica apostólica romana, seguida dos evangélicos. Confira a tabela na sequência:

Distribuição percentual da população residente, por religião – Brasil – 1991/2000

Religiões	1991 (%)	2000 (%)
Católica apostólica romana	83,0	73,6
Evangélicas	9,0	15,4
Espíritas	1,1	1,3
Umbanda e Candomblé	0,4	0,3
Outras religiosidades	1,4	1,8
Sem religião	4,7	7,4

Fonte: IBGE, 2000.

As perguntas que surgem são: esses dados do ano 2000 ainda espelham a nossa realidade religiosa? Provavelmente não. Portanto, o marketing pode se basear neles para elaborar o seu planejamento? Considerando que a distribuição da população por religiões atualmente deve ter sofrido alterações, você acredita que isso possa ser atribuído à influência de ações desenvolvidas pelo marketing de determinadas organizações religiosas, particularmente das religiões evangélicas? É importante refletir sobre isso.

Marketing agrícola

Caracteriza-se por ser voltado para a comercialização de produtos e serviços oriundos de atividades agropecuárias. A figura a seguir é importante para termos uma visão abrangente dessa área – a agropecuária.

Figura 7 – As relações das funções nas atividades de *agribusiness*

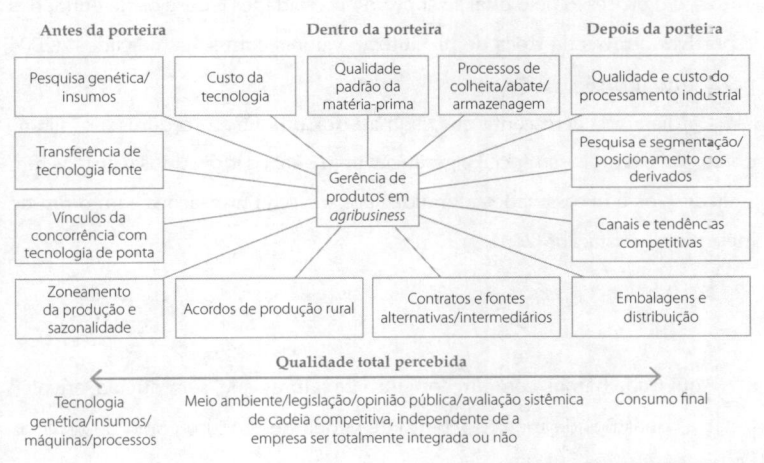

Antes da porteira	Dentro da porteira	Depois da porteira
Pesquisa genética/insumos	Qualidade padrão da matéria-prima	Processos de colheita/abate/armazenagem
Custo da tecnologia		Qualidade e custo do processamento industrial
Transferência de tecnologia fonte	Gerência de produtos em *agribusiness*	Pesquisa e segmentação/posicionamento dos derivados
Vínculos da concorrência com tecnologia de ponta		Canais e tendências competitivas
Zoneamento da produção e sazonalidade	Acordos de produção rural	Embalagens e distribuição
	Contratos e fontes alternativas/intermediários	

←─────────── Qualidade total percebida ───────────→

| Tecnologia genética/insumos/máquinas/processos | Meio ambiente/legislação/opinião pública/avaliação sistêmica de cadeia competitiva, independente de a empresa ser totalmente integrada ou não | Consumo final |

Fonte: Megido; Xavier, 2003, p. 97.

Você pode observar nessa figura a complexidade que envolve essa área do marketing e as interligações estabelecidas por ela. No que se refere à dimensão que ocupa no cenário mercadológico, uma prova bastante ilustrativa é a notícia e o comentário sobre ela que iremos transcrever nas atividades do capítulo 5, o que possibilitará uma exploração mais adequada desse referencial.

Para saber mais

Se você pretende se aprofundar no marketing agrícola, sugerimos a leitura de *Marketing & agribusiness*. Os autores Megido e Xavier fazem análises interessantes com a aplicação dos 4 Ps nessa área do marketing. MEGIDO, José Luiz Tejon; XAVIER, Coriolano. *Marketing & agribusiness*. 4. ed. São Paulo: Atlas, 2003.

Marketing esportivo

Envolve, de um lado, os consumidores ou fãs e, de outro, as entidades esportivas. Assim, o que ocorre é a utilização das técnicas de marketing nessa área específica em que circulam os desejos e necessidades das entidades e dos fãs de **esportes**.

Nas palavras de Cardia, o "marketing esportivo, sob o **prisma das entidades**, é o processo pelo qual se suprem necessidades e desejos de entidades esportivas através da troca de produtos e valores com seus mercados" (2004, p. 22, grifo nosso).

Cardia ainda acrescenta que, "sob a **ótica dos fãs**, torcedores e consumidores, [...] é o processo social e gerencial pelo qual os indivíduos e grupos têm seus desejos e necessidades atendidas por meio de transações com o fim de lhes trazer satisfação" (2004, grifo nosso).

> Mas por que podemos dizer que essa é uma área **diferenciada** dentro do marketing?

Aqui trabalhamos com um conjunto de fatores que, sem dúvida, envolve todas as questões de mercado, tanto de venda de produto como de serviços. Nesse sentido, concordamos com o autor citado sobre o fato de a **paixão** ser, no relacionamento mercado *versus* consumidor (no âmbito esportivo), um elemento fundamental. Naturalmente, esporte envolve paixão por parte das entidades e dos fãs.

Trata-se, portanto, de um **segmento bastante diferenciado**, cujas características são:

» **objetivo dominante** – orientação para o mercado esportivo;
» **foco** – a paixão pelo esporte;
» **ação** – realiza a satisfação do torcedor e supre as necessidades das entidades;
» **quem utiliza** – as entidades esportivas (todos os envolvidos com a prática dos esportes; ou seja, atletas, federações, clubes, ligas, entre outros);
» **público-alvo** – aficionados por esportes, torcedores.

Logo, em sua operacionalidade, o marketing esportivo exige um conjunto de técnicas, as quais normalmente englobam aspectos do composto promocional.

Se você acompanha algum campeonato ou é apaixonado por algum esporte, já deve ter percebido que as ferramentas do *mix* promocional ou estão presentes no desenvolvimento desse esporte ou estão fazendo falta. São ferramentas como a **propaganda**, a **venda pessoal**, a **promoção de vendas**, as **relações públicas**.

Nesse contexto, a subjetividade na escolha pode ser resultante de diversos fatores – por exemplo, a influência do meio (escolha do time ou do atleta da cidade). Para que você tenha uma ideia concreta de como funciona a questão promocional nos esportes, veja aspectos destacados pela reportagem que transcrevemos a seguir.

Corinthians faz Fla rever patrocínio

Diretoria rubro-negra admite possibilidade de romper com atual patrocinador do clube

[...] O alerta foi dado com a divulgação dos valores do contrato de patrocínio do Corinthians. Mesmo rebaixado à Segunda Divisão, o clube paulista vai receber neste ano [2008] quase R$ 20 milhões para estampar a marca de uma empresa de saúde em sua camisa (R$ 16,5 mi pela camisa mais R$ 3 mi pela propaganda nas mangas). [...]

Fonte: Peixoto, 2008.

Nesse contexto, se considerarmos o ano de 2008, e ainda de acordo com informações de Peixoto (2008), entre os maiores patrocínios conseguidos estão os do Palmeiras (R$ 19 milhões), São Paulo (R$ 15 milhões) e Santos (R$ 8,5 milhões), além de Botafogo, Cruzeiro, Vasco, Grêmio, Internacional e Atlético-MG. No entanto, se observarmos as propagandas existentes na imprensa falada, televisionada e escrita – ou, ainda, se acompanharmos torneios de vôlei e basquete ou campeonatos de Fórmula 1, por exemplo –, perceberemos que os outros esportes também estão presentes no marketing e/ou o utilizam.

> **Para saber mais**
> Para você saber mais sobre como o marketing esportivo pode atuar, acesse na internet os *sites* <http://www.roxosedoentes.com.br>; <http://www.nba.com> ou <http://www.tigerwoods.com>.

Tipos de marketing

Os tipos de marketing são utilizados nas diversas áreas de acordo com a técnica mais adequada ao processo mercadológico (comercial, institucional e social) dos vários segmentos. É o **como fazer e praticar o marketing**.

Queremos deixar bem claro que fizemos essa divisão entre áreas e tipos numa tentativa de organizar a enorme relação de denominações que o marketing apresenta em diversas publicações. Já falamos da significação de área de marketing que aplicamos neste estudo, agora consideramos necessário tecer alguns comentários sobre o uso do termo *tipos*. Esse termo é aqui utilizado no sentido de modalidade que algo pode ter. Conforme o *Dicionário Houaiss de língua portuguesa*, "aspecto ou feição diversa que podem ter as coisas; tipo" (Tipo, 2001, p. 2722). No nosso caso, são modalidades ou tipos de marketing que podem ser usados em diversas áreas (serviços, industrial, internacional etc.).

Aqui iremos fazer um breve descritivo de alguns tipos de marketing: **direto**, de **rede**, de **relacionamento**, **viral**, de **emboscada**, de **guerrilha**, **eletrônico**, **ambiental**, **societal**, **cultural**. São apenas alguns, pois surgem constantemente novas modalidades (ferramentas) da prática do marketing.

Direto

Também pode ser chamado de *database marketing* (embora esta seja apenas uma ferramenta do marketing direto) ou, ainda, de *comunicação dirigida, de resposta direta, one-to-one, de diálogo,* entre outras denominações. É o marketing centrado no diálogo (interativo) e que se utiliza de **banco de dados** para interagir e conquistar o potencial cliente e/ou para a preservação dos clientes já conquistados.

Portanto, nessa atividade há um estágio de captação de informações e, outro, de efetiva utilização dessas informações.

» **Captar potenciais clientes:** comumente é utilizada a divulgação de anúncios motivadores de respostas, como certificados de garantia e cupons-resposta; anúncios com ofertas de catálogos; bem como por intermédio da obtenção de nomes em feiras, eventos, lojas de varejo, *sites* na internet, concursos e promoções, ou, ainda, por meio de mala direta com mecanismos de resposta.

» **Conservar e/ou estimular o relacionamento com o cliente:** nesse estágio da atividade são utilizados, entre outros instrumentos de comunicação, as malas diretas, os catálogos, as *newsletters*, o telemarketing ativo, os eventos restritos, as cartas consecutivas.

Figura 8 – Exemplo de mala direta

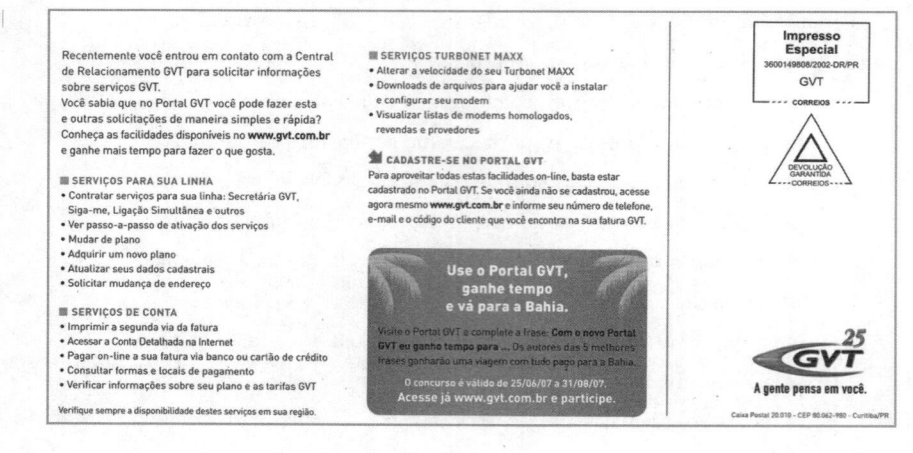

Fonte: GVT, 2009.

> Consulte o *site* <http://www.abemd.org.br/diretrizes/terminologias.html> para acessar o Código de Ética da Associação Brasileira de Marketing Direto e maiores informações sobre como funciona uma agência de marketing direto.

Quem não recebeu uma carta dessas? É marketing direto.

São aspectos importantes do **marketing direto**:

» possibilita conhecer o cliente e, assim, estabelecer critérios de comportamento em relação a compras, além da divisão de público-alvo por critérios demográficos, geográficos e, inclusive, psicográficos;
» o conhecimento facilita a criação de apelos convincentes;
» possibilita a mensurabilidade e a previsibilidade da resposta de uma campanha.

Esse tipo é amplamente utilizado nas mais diversas áreas do marketing. Constitui-se, ainda, numa ferramenta conhecida pelos profissionais da gestão e pela população em geral, que constantemente interage com as organizações por meio dos vários instrumentos do marketing direto, seja nos estágios de captação de informações, seja no uso destas.

De rede

O aspecto determinante e orientador desse tipo de marketing é que foi eliminado o intermediário entre o produtor de bem ou serviço e os consumidores. Sem dúvida, é uma modalidade inovadora que se contrapôs ao marketing tradicional e cujas características envolvem aspectos como:

» a divulgação é feita pelos consumidores, ou seja, você experimenta o produto e, se gostar, passa para outras pessoas com as quais você estabelece um vínculo de indicador e indicado (isso representa comissões para quem indica) em uma rede contínua;
» a divulgação e a venda são feitas em uma rede na qual o consumidor é equivalente ao distribuidor, em um processo sucessivo;
» considerando o ponto de encadeamento a partir de sua pessoa – consumidor (você) = indicador de novo consumidor = consumidor indicador de novo consumidor (em processo contínuo) –, você forma a sua organização;
» a sua organização é um direito seu e se constitui em uma fonte de rede permanente, pois quanto mais ela se expande, mais você lucra – bem como todos os consumidores/distribuidores que estão na sua sequência;
» o treinamento que você recebe como participante da rede segue o princípio da educação continuada, buscando expandir seu potencial e elevar sua autoestima.

O que observamos no de **marketing de rede** é uma alteração significativa nos papéis comerciais dos envolvidos. Assim, o **consumidor** passa a **patrocinador** de outro consumidor que, por sua vez, passará à função de patrocinador dos consumidores que estão na sequência. Nessa teia, na qual é grande a influência das chamadas <u>redes sociais</u>, todos recebem comissões (ganhos) e exercem dupla função: a de consumidores e de distribuidores ou patrocinadores de novos consumidores.

São exemplos de marketing de rede (ou multinível) duas empresas bastante conhecidas: Avon e Natura.

> Rede social: "Ela é uma 'inteligência social', que nasce por emergência, uma espécie de *swarm intelligence* que começa a brotar espontaneamente quando muitos micromotivos diferentes são combinados de uma forma que não se pode prever de antemão. Aqui, também não se pode pretender aplicar uma fórmula, um esquema para produzir esse 'supercomputador' que é a rede social" (FIEPR, 2009).

De relacionamento

Quanto ao **marketing de relacionamento**, Kotler (1998, p. 619) afirma que este tem por base a "premissa de que os clientes importantes precisam receber atenção contínua. Os vendedores que trabalham com clientes-chave devem fazer mais do que visitas quando os procurarem para fazer pedidos."

Essa forma de marketing inclui:
- visitas em ocasiões variadas, não só em situações de venda;
- convites para eventos;
- dar sugestões sobre os negócios do cliente;
- monitorar o cliente para conhecer seus problemas e estar disponível para ajudá-lo em situações diversas;
- identificar desejos e necessidades.

Ainda de acordo com Kotler (1998, p. 620), são cinco as etapas fundamentais de um programa de marketing de relacionamento:
- **identificar** clientes-chave que merecem atenção especial;
- **designar** um gerente de relacionamento bastante apto para cada cliente-chave;
- **desenvolver** uma descrição clara das tarefas dos gerentes de marketing de relacionamento;
- **indicar** um gerente geral para supervisionar os gerentes de relacionamento;
- **incumbir** cada gerente de relacionamento de desenvolver um plano a longo prazo e um plano anual de relacionamento.

Esses critérios permitem perceber que o marketing de relacionamento se adapta melhor à venda de produtos ou serviços para clientes que estão inseridos em grupos de relação de longo prazo, como, por exemplo, aqueles que adquirem aparelhos que exijam assistência técnica.

Três tipos de marketing similares, embora distintos: viral, de emboscada e de guerrilha

O chamado **marketing invisível** – ou seja, aquele em que você sofre a ação sem perceber que está sendo atingido por uma sugestão intencional – tem variantes, como o **viral**, o de **emboscada** e o de **guerrilha**. Essas três concepções podem se conjugar em determinados casos.

Marketing viral

No caso do **marketing viral**, trata-se da tática de passar uma **mensagem** de forma que ela **contamine** o receptor e leve este a passá-la adiante. Nesse processo, o receptor transforma-se em emissor sucessivamente.

Nos basearemos nas considerações de Persona (2006) para descrevermos o perfil desse tipo de marketing: características, técnicas/métodos de operacionalização e canais de divulgação.

Perguntas e respostas
A partir de que Mário Persona faz suas considerações?
Consulte na internet o *link* <http://www.mariopersona.com.br/entrevista_revista_recall.html>, se você quiser conhecer todo o teor da entrevista concedida à *Revista Recall* por Mario Persona, na qual ele faz uma série de considerações que tecem um diagnóstico objetivo e amplo do marketing viral.

As **características** do marketing viral são:
- introduzir-se e propagar a mensagem em redes de relacionamento;
- infiltrar-se em grupos que partilham dos mesmos interesses;
- utilizar o perfil do grupo para efetuar a venda;
- oferecer serviços gratuitos, como, por exemplo, serviços nos quais o usuário é convidado a baixar *softwares* gratuitos (a venda acontece normalmente para os patrocinadores em busca de comunicação com o público).

Entre seus métodos de **operacionalização**, podemos mencionar:
- divulgação voluntária – por exemplo, quando você convida um amigo para fazer parte de um *site* de relacionamento;
- divulgação compulsória – aquelas propagandas que você encontra no final das mensagens de *e-mail*;
- divulgação de rumores criados propositalmente sobre algum produto ou serviço de tal maneira interessante que você será compelido a enviar para a sua rede de relacionamento. Vejamos o exemplo narrado no trecho extraído da entrevista de Mario Persona (2006).

Um caso clássico [de marketing viral] foi a forma como os produtores do filme "A Bruxa de Blair" utilizaram para divulgar o filme com um orçamento limitado. A princípio contrataram alguns estudantes para fazer um trabalho de panfletagem em portas de escola. A mensagem dos impressos gerava curiosidade e levava os adolescentes a visitarem o site do filme na internet. Criado para parecer um caso real de desaparecimento de adolescentes, cada visitante ficava logo eletrizado pelo que via e sentia necessidade de enviar o link para amigos. Milhões de pessoas foram atingidas dessa maneira, divulgando o filme a custo zero para os produtores. [...]

> Devemos destacar que há autores que não concordam com o uso da expressão "boca a boca" para nomear o marketing viral. Entre eles, podemos citar George Belch e Michael Belch e, ainda, James Ogden e Edson Crescitelli. No entanto, neste livro usaremos um como sinônimo do outro.

As **vias de distribuição** desse novo tipo de marketing "boca a boca" (o viral), disponíveis a um simples clique, são, entre outros, os *blogs*, *podcasts*, *videocasts*. A opinião de Persona (2006, grifo nosso) é de que "as empresas que souberem transformar essa equação **'mensagem recebida = compra + divulgação'** em algo imediato conseguirão explorar toda a potencialidade do marketing viral".

Marketing de guerrilha

O que caracteriza a concepção de **marketing de guerrilha** são aspectos como:

» estratégias inusitadas – elas fogem do tradicional e fazem com que você não perceba que se trata de um fato publicitário;
» as atividades normalmente são feitas na rua;
» baixo investimento e alto impacto;
» propõe-se a gerar mídia espontânea e publicidade, como, por exemplo, um acontecimento que gere notícia, mas foi criado com o objetivo de gerar publicidade, o que foi conseguido com a notícia.

Se você observar os noticiários, irá perceber que, muitas vezes, uma notícia acaba por promover um determinado produto ou serviço sem que haja uma campanha publicitária explícita, como, por exemplo, a notícia a seguir, publicada em abril de 2009.

> **Capitão Kirk original deve participar de sequência de "Star Trek"**
>
> A Paramount Pictures convidou William Shatner para fazer uma participação no próximo filme da saga de "Star Trek", segundo informou o jornal britânico "Daily Express". A versão de J. J. Abrams da franquia de ficção científica chegará aos cinemas apenas no dia 8 de maio, mas o estúdio já deu sinal verde para uma continuação. [...]

Fonte: Folha Online, 2009.

O que essa notícia sobre o ator William Shatner está promovendo? Claro! A versão do filme *Star Trek* que chegou aos cinemas no dia 8 de maio de 2009. Veja que a notícia foi originalmente publicada poucos dias antes da estreia nos cinemas. Esse exemplo foi só para você conferir as características.

Marketing de emboscada

Vamos agora analisar esta outra notícia. Que tipo de marketing ocorreu aqui?

> **"Pânico" cria saia justa para a Globo**
>
> Com uma faixa escrita "**Parabéns, Chico**" presa a balões, o "Pânico" obrigou, ontem, a Globo a mudar o ângulo das câmeras, fazendo com que Cesar Tralli e Carla Vilhena ficassem bem próximos um do outro, quase espremidos, para evitar que a brincadeira do programa aparecesse no ar, no "SPTV – 1ª Edição". O novo estúdio do telejornal é de vidro, com vista para a marginal Pinheiros. Mas a manobra da Globo não deu o resultado esperado. Por segundos, um dos balões foi ao ar. Chico Pinheiro, que está em férias e fez 55 anos, no último dia 17, não viu a homenagem do "Pânico", mas preferiu não comentar. "Estou em Parintins", disse ele, por telefone, à coluna.

Fonte: Folha Online, 2008, grifo nosso.

O **marketing de emboscada**, uma variante do marketing de guerrilha, é aquele em que o profissional de marketing se aproveita de um acontecimento no qual estejam presentes vários meios de comunicação para promover uma marca, sem que haja autorização para isso. Dessa forma, os meios de comunicação são pegos de surpresa. Foi, por exemplo, o que aconteceu no fato relatado pela notícia que acabamos de ler. A equipe da Rede TV (do programa *Pânico na TV*) aproveitou a ocasião e a situação, ou seja, o aniversário do jornalista Chico Pinheiro e o fato de os estúdios do Jornal da Globo serem de vidro, para transmitir sua imagem através desse canal de TV, usando como armadilha uma homenagem ao referido jornalista (que é da Globo).

Marketing eletrônico

Embora sejam várias as definições possíveis de encontrarmos sobre o **marketing eletrônico**, uma questão é unanimidade: as novas tecnologias de informação trouxeram modificações nos relacionamentos, bem como se constituíram como fator que agrega valor ao produto. Portanto, também trouxeram modificações nas atividades de marketing.

> Na etapa de adaptação das empresas a esse tipo de marketing, há necessidade de fomentar uma cultura diferenciada que provoque a assimilação de valores e processos da *web*. Simplesmente aplicar tecnologia não implica em transformação significativa que permita a criação de modelos de negócios.

Podemos mencionar as seguintes modalidades de marketing eletrônico:
- anúncios em classificados eletrônicos;
- listas e grupos de discussão;
- mala direta eletrônica;
- *banner*;
- *links* em *websites*;
- parcerias com portais *web*;
- intranet;
- *website* próprio.

Essas são algumas entre as possibilidades da *web*; no entanto, você deve lembrar que o processo é dinâmico.

Ambiental, ecológico ou verde

Aspectos relativos à concepção holística da interação entre o homem e o seu meio são os fatores que fundamentam a atividade de marketing sob a perspectiva ambiental ou ecológica que, em síntese, significa aderir ao **desenvolvimento sustentável**.

Para saber mais

Se você pretende ampliar sua compreensão sobre **desenvolvimento sustentável**, sugerimos a leitura de dois livros: NIGRO, Carlos Domingos. *(In)Sustentabilidade urbana*. Curitiba: Ibpex, 2007; BERTÉ, Rodrigo. *Gestão socioambiental no Brasil*. Curitiba: Ibpex, 2009.

Nesse contexto, é oportuno lembrar que um olhar sobre a trajetória percorrida pela humanidade irá mostrar um panorama que merece reflexões e, principalmente, pede ações e atitudes. Afirmamos isso porque se você, por exemplo, fizer uma análise do processo de industrialização pelo qual passou nossa civilização, poderá verificar dois somatórios de fatos conflitantes:

» as inúmeras inovações, a evolução e os benefícios econômicos que a **industrialização** trouxe;
» por outro prisma, a **industrialização** trouxe sérios **danos ambientais** – poluição atmosférica e das águas, erosão, chuva ácida, efeito estufa, lixo nuclear, lixões, entre outros.

Assim, no início do século XXI, lidamos com a busca pela resolução do conflito **capital** *versus* **natureza**.

Isso envolve aspectos como:

» reavaliar as atividades de produção e mercadológica;
» conciliar os interesses da sociedade, dos governos e das organizações;

» conseguir uma estratégia de desenvolvimento e sustentabilidade que possibilite a existência de **organizações lucrativas e ambientalmente responsáveis**.

Nesse sentido, consideramos a opinião de Alessandra Teixeira (2009) bastante elucidativa, quando ela afirma que o marketing ecológico se constitui em uma prática que agrega às outras ferramentas do marketing a **preocupação ambiental**. Esse foco contribui para:

» a conscientização ambiental por parte do mercado consumidor;
» a preservação das espécies e seus tipos naturais de *habitat*;
» a preservação dos recursos escassos;
» a incorporação de características ambientais aos produtos.

Esse processo encontra mais adeptos nas organizações à proporção que agrega maior valor à marca, ao produto ou à empresa – e isso você poderá observar no seu entorno. Assim, embora seja uma preocupação cidadã, ela mantém sua característica básica, que é gerar lucro para a organização envolvida no processo. Portanto, **a prerrogativa é do consumidor**. É ele quem irá determinar a postura das organizações em relação às condições socioambientais, embora estas, segundo acreditam alguns autores, possam vir a tomar a iniciativa e partir na frente do consumidor em busca de soluções ambientalmente responsáveis.

Nesse contexto, o *Guia Exame 2008* trouxe uma lista de empresas que praticam a "responsabilidade social corporativa". Exemplificaremos aqui, pelo seu apelo ecológico, com a propaganda do Bradesco, na qual você poderá observar nitidamente o objetivo de gerar valor com sua atitude ecológica e social (benéfica para o meio, ou seja, para a sociedade como um todo).

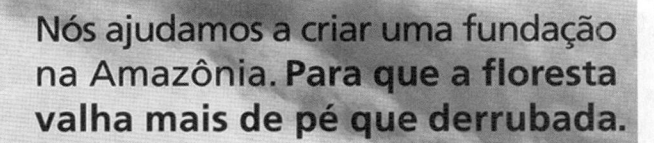

Figura 9 – Contexto ecológico/ambiental em propaganda do banco Bradesco

Nós ajudamos a criar uma fundação na Amazônia. Para que a floresta valha mais de pé que derrubada.

A maneira mais realista de encarar as motosserras na Amazônia é admitir que a procura por lucro fácil, a necessidade e a falta de informação são às vezes mais poderosas que a razão. E, a partir desse entendimento, atacar o problema de um ângulo novo. É isso que a Fundação Amazonas Sustentável está fazendo:

- Programa Bolsa Floresta: reconhecer, valorizar e compensar as populações tradicionais pelo seu papel na conservação das florestas.
- 34 Unidades de Conservação, que cobrem 16,4 milhões de hectares e onde vivem 9 mil famílias.

Para saber mais sobre essa iniciativa única, acesse www.fas-amazonas.org
Inibir o desmatamento ilegal de maneira inteligente é mais uma ação concreta do Banco do Planeta por um modo de vida sustentável.

Banco do Planeta. Investindo, apoiando e informando.

Fundação Amazonas Sustentável

Bradescompleto
www.bradesco.com.br

NEOGAMA/BBH

Fonte: Bradesco, 2009.

Você provavelmente já leu (ou ouviu falar sobre) comentários que imputam ao marketing as responsabilidades – ou falta de responsabilidade – por ações danosas ao meio ambiente, considerando que ele, por intermédio de motivações propagandísticas e publicitárias, bem como da diferenciação de produtos, induz:

» ao aumento de consumo;
» ao desperdício.

É nessa conjuntura que o **marketing verde** (ambiental, ecológico) busca transformar essa concepção, colocando-se como um dos instrumentos de solução para o conflito entre a necessidade de aumento de produção e a necessidade de as empresas se manterem competitivas, com a sobrevivência saudável (com qualidade) do planeta e de seus habitantes.

Societal

Ao falarmos em **marketing societal**, devemos ficar atentos para não confundi-lo com o marketing social. Embora ele esteja relacionado ao bem-estar social, está também inserido no perfil de organizações que buscam o lucro, inclusive quando suas práticas são possíveis de serem enquadradas em um **marketing socialmente responsável** (Kotler, 2000). Trata-se de um tipo de marketing em que o aspecto social é uma área de abrangência ou uma finalidade (institucional, comercial e social).

Identificamos, nas características do marketing societal, aspectos como:

» responsabilidade social;
» postura ética;
» equilíbrio entre os objetivos dos acionistas (lucro), os benefícios almejados pelos consumidores e o bem público.

> Você deve estar se perguntando: Em uma sociedade altamente competitiva e com crises econômicas, sociais e ambientais em várias regiões do planeta, **como efetivamente as organizações irão aderir ao marketing societal?**

Nós também fazemos a mesma pergunta. O fato é que a prática desses três aspectos requer modificações no comportamento da população. É uma verdadeira revolução. Você já imaginou todas as organizações com uma gestão de marketing voltada para a responsabilidade social?

Mas, talvez, as crises sejam o melhor argumento para essa mudança de filosofia econômica e de desenvolvimento, pois o que foi feito até agora pelas organizações nos trouxe, como vimos no início deste estudo, muitos benefícios. No entanto, estes só estão disponíveis para poucos e o custo ambiental, muitas vezes, foi enorme. Você há de concordar: **é preciso repensar**. É necessário encontrar uma forma de continuarmos com a evolução tecnológica a partir de uma visão <u>holística</u>.

> Holístico: "[...] que busca um entendimento integral dos fenômenos [...]" (Holístico, 2001, p. 1544).

Para que seja possível a expansão do marketing societal, é necessário que:
» os planejamentos das organizações sejam a longo prazo;
» as organizações criem códigos de ética;
» sejam feitas modificações nos hábitos da população, como consumidores responsáveis e atentos às práticas das empresas.

Nesse contexto, de acordo com a opinião de Kotler (citado por Balsini; Silveira, 2005), uma organização precisa cumprir com, pelo menos, os seguintes requisitos básicos:
» *ser orientada para a satisfação e o bem-estar do cliente;*
» *buscar continuamente inovações que tragam melhorias para o produto;*
» *investir a maioria dos recursos agregando valor e aperfeiçoamento de qualidade e conveniência ao produto;*
» *definir sua missão em termos sociais amplos levando em conta seus diversos públicos;*
» *tomar suas decisões considerando seus interesses, os desejos dos clientes e o bem-estar da sociedade a longo prazo.*

Nesse processo, você deve lembrar que estamos falando de organizações que têm como objetivo básico o **lucro**, mas, apesar disso, exercem uma gestão socialmente responsável. Para melhor nos situarmos nesse universo, vamos resumir visualizando os **principais aspectos do marketing societal**:
» o **objetivo dominante** é a orientação para o consumidor;
» o **seu propósito ou foco** é investir no ecossistema social;

» a **sua ação** é provocar melhorias no ecossistema social com o objetivo de retorno para a imagem da organização, o que reverterá em lucros;
» é **utilizado** por organizações com fins lucrativos;
» ele **surge** em função da gestão socialmente responsável (gestão sustentável).

Um exemplo interessante de **gestão sustentável/marketing societal** é o programa de sustentabilidade da TAM. Se você tiver oportunidade de ler o manual dessa organização – *Aspectos de gestão sustentável* (feito para os funcionários) –, poderá verificar que a empresa em questão fez um planejamento de marketing que engloba aspectos **econômicos, sociais** e **ambientais** (TAM, [2008?]) dentro de uma proposta denominada *Programa de sustentabilidade TAM*.

No quesito "desenvolvimento econômico", os itens elencados no guia são: governança, transparência e comunicação assertiva; melhoria dos custos; aperfeiçoamento dos processos; inovação. E o objetivo da empresa – ou seja, o lucro – é fundamentado com a seguinte assertiva (TAM, [2008?], p. 14, grifo nosso):

> O **lucro** *é a essência para o crescimento da empresa por todos os seus desdobramentos: na forma de geração de serviço, renda, impostos, enfim, por diversas inserções positivas na comunidade e na sociedade em geral.*

No quesito "desenvolvimento social", os itens destacados são: relações trabalhistas; saúde e ambiente de trabalho; educação e cultura; investimento social. A proposta para a inclusão desse item no planejamento da empresa é assim expressa (TAM, [2008?], p. 18, grifo nosso): "A atuação ética junto a funcionários, fornecedores, parceiros, clientes e comunidade é fundamental para uma **sociedade melhor**".

No quesito "desenvolvimento ambiental", a TAM desenvolveu proposições como: pensar e agir de forma sustentável; garantir a correta destinação dos resíduos; zelar pela preservação da biodiversidade; atender às exigências legais; controle de emissão de gases do efeito estufa. Essas propostas refletem o entendimento da empresa de que a gestão ambiental "diminui os custos da empresa, reduz os passivos e monitora os impactos. Por isso, deve-se refletir e atuar em prol do **meio ambiente**" (TAM, [2008?], p. 24, grifo nosso).

Percebeu? Os três aspectos desenvolvidos no guia para os funcionários da TAM, a fim de apresentar o seu *Programa de sustentabilidade*, englobam:
» o interesse dos acionistas, ou seja, o lucro;
» o empenho por uma sociedade melhor, isto é, a preocupação com o social e aspectos éticos;
» a consciência ambiental ou uma proposta de responsabilidade em relação ao meio ambiente.

> Para obter mais informações sobre o assunto, acesse os *sites* <http://www.tam.com.br> e <http://www.sustentabilidadetam.com.br>.

Portanto, desenvolve o marketing societal, expresso em uma gestão que se preocupa com os ganhos da empresa e trabalha para o seu crescimento econômico, sem deixar de assumir suas responsabilidades em relação aos "problemas e oportunidades que têm a ver com nossa sobrevivência, como recursos naturais e igualdade social" (TAM, [2008?], p. 10).

É tendo na sustentabilidade um sistema de gestão em que todos são beneficiados – as pessoas, as companhias, a sociedade e o meio ambiente – que a TAM definiu esse tema como um atributo da marca e convida você a praticar ações sustentáveis como um compromisso do dia a dia. (TAM, [2008?], p. 26)

Utilizamos essa empresa (TAM) como exemplo organizacional inserido dentro da perspectiva do marketing societal, mas devemos destacar que essa é uma tendência global. Você pode observar isso se prestar atenção nas campanhas que são editadas tanto pelos jornais e revistas como pela mídia televisiva, entre outras. Por exemplo, o *Guia Exame 2008* traz uma "lista das 20 empresas-modelo em responsabilidade social corporativa no Brasil".

> Você pode acessar o *site* da Fundação Conrado Wessel (http://www.fcw.org.br) para maiores informações sobre as leis de incentivo fiscal no Brasil e outros aspectos pertinentes ao marketing cultural.

Cultural

Embora seu foco seja a cultura, não devemos confundir com mecenato, pois seu objetivo é o **retorno** (lucro). O que ocorre nesse tipo de marketing é a combinação dos interesses dos artistas aos dos empresários e instituições culturais, como os motivados pelas <u>leis de incentivo fiscal</u> no Brasil. Nesse processo, o marketing cultural vem ganhando espaço e se tornou uma opção criativa e mais econômica, por meio de um *mix* de técnicas para divulgar as organizações ou fixar determinada marca.

Os principais aspectos do marketing cultural são:

» **objetivo dominante** – associar a ideia de cultura à imagem da organização ou marca;
» **propósito ou foco** – aspectos culturais do público-alvo;
» **ação** – a cultura como intermediária ou elemento da comunicação e divulgação;
» **origem** – surge em função de um marketing criativo e focado em redução de custos.

Nesse âmbito, foi interessante o projeto de marketing cultural do *Festival de Curitiba*. No guia lançado na ocasião, havia a programação, promoções, patrocínios, propagandas internas e informações sobre o evento.

Figura 10 – *Site* do Festival de Curitiba

Fonte: Festival de Curitiba, 2009b.

Você conhece esse evento? Observe, na página do *site* que você acabou de ver, a forma como o marketing cultural pode promover eventos e como se interligam os objetivos culturais (**produzir o espetáculo, promover a cultura**) com os dos patrocinadores (**divulgação da marca**).

Como você pôde perceber, ao lado do trecho de apresentação, encontramos referência a várias marcas que patrocinaram o evento. Esse é o trabalho do marketing nesse contexto: envolve a cultura com as organizações e estas com a cultura, gerando para esta (**cultura**) o patrocínio e para aquelas (**organizações**) a divulgação de suas marcas e produtos e/ou serviços.

Composto de marketing

Durante a descrição das características de várias áreas e tipos de marketing, falamos sobre a utilização de técnicas diversas para a implementação de programas de marketing e do *mix* de marketing. Mas **o que é isso**?

São as ferramentas de análise e planejamento que a organização utiliza para determinar seus objetivos. Podemos exemplificar com o uso dos **4 Ps**, que surgiram nos anos 1960 e foram amplamente divulgados por E. Jerome McCarthy (1997), depois da divisão proposta por Neil Borden. Esse composto de marketing considera os seguintes princípios: **produto, praça** (ou ponto-de-venda), **preço e promoção**.

Figura 11 – Os 4 Ps

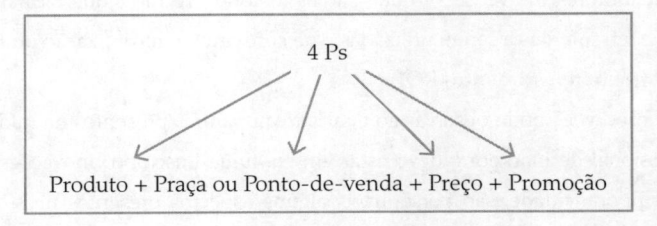

```
                    4 Ps
            ↙    ↙    ↘    ↘
Produto + Praça ou Ponto-de-venda + Preço + Promoção
```

Resumidamente, podemos dizer que:
» o **produto** constitui os processos de definição dos produtos e/ou serviços a serem oferecidos ao mercado;

- » a **promoção** corresponde às atividades de comunicação, de divulgação do produto e/ou serviço geralmente para alavancar as vendas;
- » a **praça** representa a logística da distribuição do produto e/ou serviço – é o processo de definir e organizar os tipos de canais e o encadeamento de intermediários (por exemplo, para colocar o produto à disposição do consumidor);
- » o **preço** é um processo meticuloso de cálculos, o qual envolve aspectos ligados às **finanças** ou aos valores monetários despendidos e almejados como retorno pelas organizações. Ou seja, é o cálculo de custos *versus* lucros e a **filosofia de mercado** da empresa (seu posicionamento).

O composto dos 4 Ps se constitui na base para a gestão de marketing. Embora existam teorias que ampliam e provocam alterações no *mix*, consideramos que isso não invalida sua praticidade, pois são abordagens diferentes. Dada a sua importância, veremos detalhadamente cada um de seus princípios nos próximos capítulos.

Síntese

Ao apresentarmos as tendências contemporâneas do marketing, observamos que este se insere nas estruturas administrativas, constituindo-se em padrão de gestão. Nesse panorama, é fundamental avaliar em que área está inserida a organização para a qual estamos elaborando um planejamento de marketing. É ainda imprescindível saber quais são as melhores técnicas que formarão o *mix* de ferramentas a serem utilizadas para conseguir a maximização do **retorno sobre o investimento** (ROI).

Como você pôde observar ao analisar campanhas presentes na mídia, o profissional de marketing deve estar em contínua busca por inovações. Na contemporaneidade, são perceptíveis alguns aspectos presentes nesse contexto, como a preocupação com a **criação de valor** para o consumidor, tanto nos produtos quanto nos serviços, e a **exploração de novos meios** (redes sociais *on-line*, internet, *blogs*, *podcasts*, entre outros) junto aos recursos dos meios de comunicação clássicos (revistas, jornais, rádio e TV).

A inovação é um procedimento e/ou orientação que abrange também as estratégias, as quais estão voltadas para a segmentação e o posicionamento de mercado e também com a compreensão do comportamento do consumidor e do cliente – razão pela qual as organizações criam métodos novos para captar o comportamento destes.

O reflexo desse quadro de contínuas transformações e mudanças está justamente nos inúmeros tipos de marketing que surgem a cada dia para atender às diversas áreas. O que apresentamos aqui são apenas alguns tipos e áreas – aqueles que, neste momento, consideramos mais significativos para nosso estudo.

Questões para revisão

O artigo que transcrevemos a seguir aborda vários aspectos relacionados a empresas que atuam dentro dos princípios do marketing ambiental. As questões que apresentamos pedem que você reflita sobre o assunto e o interligue às informações discutidas neste capítulo.

Marketing ambiental sofre com a crise

Em época de crise, cortar gastos é a palavra de ordem nas empresas. E quem pode sofrer primeiro os efeitos da retração são as ações relacionadas a patrocínios ou projetos similares. Com o marketing ambiental a história não é diferente. Estudo da Roland Berger Strategy Consultants mostra que 27% das corporações reduzirão a verba para tecnologia verde em 2009 e 2010 e 39% dizem que adiarão investimentos na área.

O resultado do estudo, no entanto, não é desesperador, na avaliação de alguns especialistas do setor, que esperavam um índice maior de intenção de corte nas aplicações em projetos do chamado marketing verde. O aumento da importância da atividade nessa área na estratégia das corporações pode ser a explicação.

O meio ambiente é o segundo item mais contemplado em programas de responsabilidade social das empresas. Segundo dados da Associação

Brasileira dos Anunciantes (ABA), 68% das organizações afirmam fazer este tipo de investimento, atrás apenas da educação (86%), e 50% aplicam mais de R$ 2 milhões por ano em responsabilidade social.

Unidades

Mas, apesar disso, o consumidor não vê da mesma forma. Levantamento da Market Analysis mostra que apenas 12% dos clientes prestigiam companhias consideradas "responsáveis".

Segundo a pesquisa da Roland Berger Strategy Consultants, a maior parte dos investimentos em tecnologia verde vai para a gestão de água (25,3%) e de resíduos sólidos (22,2%). Algumas corporações chegam ao ponto de criarem unidades "sustentáveis". Estão nesta lista o Banco Real, com uma agência no município paulista de Cotia, e o Pão de Açúcar, com um supermercado de Indaiatuba (SP), que terá uma "cópia" este ano na capital paulista.

Em junho do ano passado [2008], o Pão de Açúcar inaugurou o primeiro "supermercado verde" da América Latina, que demandou investimentos de R$ 7,5 milhões. "Buscamos diminuir o impacto no meio ambiente na operação e na construção", afirma Paulo Pompilio, diretor de relações corporativas e responsabilidade socioambiental. A loja foi construída atendendo aos Leadership in Energy and Environmental Design, normas internacionais que preveem aumentar a eficiência no uso de recursos. Estipulam também a diminuição do impacto socioambiental, com redução de 30% em energia, 35% em emissões de carbono, 30% a 50% de água e de 50% a 90% na eliminação de resíduos. Pompilio diz que a unidade integra novas ações a outras já realizadas pelo grupo na área, como a venda das sacolas retornáveis. Ele nega que a ação tenha cunho de marketing, embora admita reflexos na marca.

Advogado da marca

Ismael Rocha Júnior, diretor de extensão e operações da Escola Superior de Propaganda e Marketing (ESPM), diz que, com o marketing verde, a empresa faz com que o seu consumidor vire "advogado" da marca, pois passa a ter um conhecimento maior sobre a empresa e, além disso, traz associações positivas à marca. Ele alerta, no entanto, para o risco de as empresas se limitarem a atividades pontuais na área.

Segundo ele, companhias que fazem ações de redução de seu impacto no meio ambiente não veem a atitude como marketing, embora certamente haja retorno de imagem. "Não é à toa que existem índices, como o de sustentabilidade, da Bovespa."

Outra empresa que criou uma unidade totalmente sustentável foi o Banco Real, em 2007. O prédio foi construído na cidade de Cotia com tijolos reciclados, tinta sem solventes e assoalho e móveis de madeira certificada. "A sustentabilidade faz parte da nossa estratégia", afirma a superintendente de desenvolvimento sustentável do Grupo Santander Brasil, Linda Murasawa. Estão incluídas aí ações públicas e produtos sustentáveis, como um fundo de investimento.

Divulgação

Valdir Cimino, fundador da Associação Vive e Deixe Viver e integrante do comitê socioambiental da Associação Brasileira de Anunciantes (ABA), observa que 81% das empresas divulgam as atividades de responsabilidade social para seus públicos. E pesquisa encomendada pelo Instituto Akatu mostra que, em 2000, 24% dos consumidores prestigiavam empresas com ações de responsabilidade social, enquanto em 2007 eram apenas 12%.

"O consumidor está tomando consciência de que tem uma escolha, é um processo de aprendizagem", afirma Dorothy Roma, gerente de pesquisas e métricas do Instituto Akatu.

Thomas Kunze, sócio da Roland Berger Strategy Consultants, concorda. Para ele, o investimento no setor é reflexo do amadurecimento da consciência ambiental no Brasil. Exemplo disso, ele acrescenta, é que o índice de empresas que pretendem reduzir os investimentos em sustentabilidade para este ano [2009] e o que vem é de "apenas" 27% – em plena crise econômica.

Na Perdigão, as ações de sustentabilidade começaram em 1994, e visam a redução de impactos. Estão na lista o programa de redução do consumo de energia e água, além do menor impacto dos dejetos de suínos. Desde 2008, na unidade de Capinzal (SC) passou a ter uma estação de tratamento de água, na qual foram investidos R$ 1,5 milhão.

A Philips também tem um portfólio de produtos sustentáveis, responsável por 25% do faturamento no ano passado – a meta é chegar a 30% em 2012. " A sustentabilidade faz parte do nosso DNA", diz Marcus Nakazawa, assessor de sustentabilidade da Philips.

Fonte: Baldi, 2009a.

1. O texto que acabamos de ler informa que 50% das empresas investem R$ 2 milhões em responsabilidade social. Isso significa que elas praticam o marketing verde? Elabore uma explicação sobre isso.
2. De acordo com o artigo apresentado, você observou qual a porcentagem de empresas que adotam a gestão de responsabilidade social e também usam estratégias de marketing ambiental? Comente o assunto.
3. No artigo, quando encontramos a afirmação de que apenas 12% dos consumidores prestigiam as empresas "responsáveis", isso indica que há a necessidade de refletirmos sobre o assunto, pois o marketing busca retorno (lucro). Na sua opinião, qual é o fator responsável por esse desinteresse do consumidor com a responsabilidade ambiental e social? Argumente com fatos.
4. Interligue o exemplo do Banco Real, citado no artigo, com as finalidades do marketing (institucional, comercial e social). Avalie também o trecho de uma reportagem do *Guia Exame 2008* para facilitar sua argumentação (Gomes, 2008):

Desde 2002, a avaliação de crédito dos clientes do Real já leva em conta um parecer a respeito das práticas socioambientais. Desde então, 49 clientes tiveram crédito recusado, incluindo 22 madeireiras que apresentavam problemas com licenças ambientais e oito que eram acusadas de utilizar trabalho escravo.

5. No texto *Marketing ambiental sofre com a crise* são citados vários exemplos de empresas que usam, em suas estratégias mercadológicas, o tipo de marketing (modalidade) denominado *marketing verde, ambiental* ou *ecológico*. Você poderia agora classificar o marketing dessas empresas de acordo com as áreas em que elas atuam?

capítulo 3
composto de marketing: produto

Conteúdos do capítulo

- O âmbito do P de produto do composto de marketing.
- As características dos componentes do P de produto.
- Elementos que configuram os componentes do produto.

Após o estudo deste capítulo, você será capaz de...

- Diferenciar *produto* de *serviço*.
- Identificar, descrever e analisar em suas especificidades os elementos de composição do produto: marca, rótulo, qualidade, variedade, tamanho, embalagem, *design*, garantia, devolução, serviços agregados.

Em primeiro plano, **produto** é tudo o que pode ser oferecido ao mercado com o objetivo de satisfazer aos desejos e às necessidades dos diversos públicos.

Já segundo o *Dicionário Houaiss de língua portuguesa*, a palavra *produto* significa tudo aquilo "que é produzido; resultado de produção" (Produto, 2001, p. 2305). Apresenta ainda uma especificação, ou seja, há aquilo que é produzido para venda no mercado – como, por exemplo, a **produção agrícola**, a **industrial** – e aquilo que é resultado de um trabalho ou atividade – por exemplo, a **produção intelectual**.

O produto ainda pode ser "um bem físico, um serviço ou uma mistura de ambos" (McCarthy; Perreault Junior, 1997, p. 149), concepção que esta obra adotará. Nesse contexto, os produtos que são vendidos, de acordo com a concepção de Kotler (1998, p. 383), incluem:

- **bens físicos** – geladeiras, livros;
- **serviços** – pintura de parede, consertos;
- **pessoas** – Obama, Madonna, Ronaldo (Fenômeno);
- **locais** – Fernando de Noronha, Cataratas do Iguaçu;
- **organizações** – Instituto do Coração, Associação de Escoteiros;
- **ideias** – planejamento familiar, segurança no trabalho, sustentabilidade.

Os aspectos que determinam distinções nesses produtos/serviços são a **durabilidade, a tangibilidade** e o **uso**, entre outros. Esses fatores estabelecem o uso de estratégias de marketing específicas.

A maior distinção é feita, normalmente, pela característica da tangibilidade, principal aspecto que difere os produtos dos serviços. A palavra *tangibilidade* vem do verbo *tanger*, que significa "tocar", "encostar" (este é um dos principais aspectos de distinção entre a área de marketing de produto e a de marketing de serviço). Outras características, como a perecibilidade e a dependência maior ou menor do fator humano, também são diferenciais.

É possível resumir da seguinte forma: costumeiramente, o **produto é um bem tangível** e o **serviço é intangível**. No entanto, muitas vezes, as duas condições estão presentes em um mesmo produto e, para o programa dos 4 Ps, serviço também é produto.

Mas você já deve ter ouvido falar em **produtos de consumo** e **produtos industriais**. E deve estar com uma pergunta em seus pensamentos: É sobre esses produtos que estamos falando?

Sim, mas há uma pequena distinção que originou essa classificação. A diferença está na destinação do produto a seu público-alvo. McCarthy e Perreault Junior (1997, p. 150) dizem que:

» **produtos de consumo** são aqueles destinados ao consumidor final;
» **produtos industriais** são aqueles usados na fabricação de outros produtos.

Mas é importante para os profissionais de marketing essa informação?

Sim, ela nos oferece condições mais claras quando elaborarmos estratégias de marketing, ou seja, na ocasião de optarmos por compostos que propiciem a maximização do ROI.

Como o produto visa satisfazer à necessidade do consumidor, devemos lembrar que (McCarthy; Perreault Junior, 1997, grifo do original):

Há classes de produtos dentro de cada grupo.
» *As classes de produtos de consumo são baseadas em* **como os consumidores pensam e os compram.**

» *As classes de produtos industriais são baseados em* **como os compradores pensam e em como eles serão usados.**

Esses parâmetros são importantes, mas ficam mais claros na figura a seguir, pois ali eles estão identificados em relação a determinadas condições, como, por exemplo, as de público-alvo e de insumo.

Figura 12 – Classes de produtos

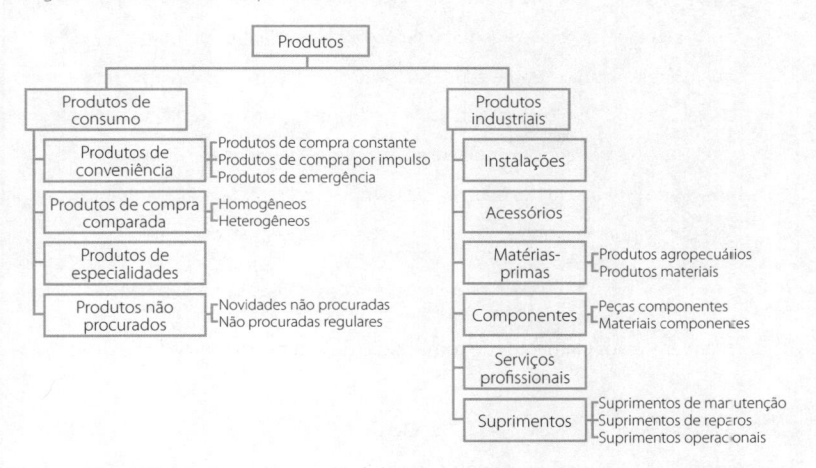

```
                              ┌─────────────┐
                              │   Produtos  │
                              └──────┬──────┘
                ┌────────────────────┴────────────────────┐
        ┌───────┴───────┐                        ┌────────┴────────┐
        │  Produtos de  │                        │    Produtos     │
        │    consumo    │                        │   industriais   │
        └───────┬───────┘                        └────────┬────────┘
                │                                         │
        ┌───────┴────────┐  ┌─Produtos de compra constante         ┌──────────────┐
        │  Produtos de   │──┤ Produtos de compra por impulso       │  Instalações │
        │  conveniência  │  └─Produtos de emergência               └──────────────┘
        └────────────────┘
        ┌────────────────┐  ┌─Homogêneos                           ┌──────────────┐
        │ Produtos de    │──┤                                      │  Acessórios  │
        │ compra         │  └─Heterogêneos                         └──────────────┘
        │ comparada      │
        └────────────────┘                                         ┌──────────────┐   ┌─Produtos agropecuários
        ┌────────────────┐                                         │  Matérias-   │───┤
        │  Produtos de   │                                         │   primas     │   └─Produtos materiais
        │ especialidades │                                         └──────────────┘
        └────────────────┘                                         ┌──────────────┐   ┌─Peças componentes
        ┌────────────────┐  ┌─Novidades não procuradas             │ Componentes  │───┤
        │  Produtos não  │──┤                                      └──────────────┘   └─Materiais componentes
        │   procurados   │  └─Não procuradas regulares
        └────────────────┘                                         ┌──────────────┐
                                                                   │   Serviços   │
                                                                   │ profissionais│
                                                                   └──────────────┘
                                                                   ┌──────────────┐   ┌─Suprimentos de manutenção
                                                                   │  Suprimentos │───┤─Suprimentos de reparos
                                                                   └──────────────┘   └─Suprimentos operacionais
```

Fonte: McCarthy; Perreault Junior, 1997, p. 151.

Falando em público-alvo e classe de produtos, **você já sabia desta notícia?**

Curiosidade

Vaidade masculina

As vendas de produtos cosméticos e serviços de estética voltados para o público masculino cresceram como nunca em 2008. Marcas tradicionais do mercado feminino registraram aumento nas vendas de produtos feito para os homens, tanto no Brasil quanto no exterior. Na Hypermarcas, dona da Niasi, as vendas do esmalte incolor "Risque Homem" cresceram 70%, enquanto que a linha Vichy Homme, do laboratório francês Vichy, já representa 7% das vendas totais da marca na França. Olinda Higa, gerente do salão de beleza Tampopo, garante que em breve os homens já serão metade da clientela. Os salões já disponibilizam serviços específicos, como o reflexo invertido para aqueles que estão ficando grisalhos.

A previsão para 2009 é de mais crescimento. Henrick Sark, diretor da divisão cosmética ativa da L'Oréal, espera dobrar as vendas e explica que o interesse do consumidor masculino por cosméticos tem crescido para agradar as mulheres e para melhorar a aparência. O fato se confirma na pesquisa do laboratório Vichy, onde 600 dermatologistas afirmam que 30% dos pacientes são homens. E para quem ainda tem um pé atrás de ir a um salão de beleza, o cabeleireiro Wanderley Nunes criou no Studio W, em São Paulo, uma sala reservada onde os homens não são vistos. Há três anos, o Brasil era o sétimo mercado mundial e hoje fica atrás apenas de Estados Unidos e Japão. Clélia Ângelo, presidente da Surya Brasil, dá o recado: "Nenhuma empresa do setor pode deixar esse público de lado".

Fonte: Valor Econômico; Gazeta Mercantil; Dinheiro; Carta Capital, citados por ABMN News, 2009f.

Mas vamos aos elementos de composição do composto chamado de **produto**!

Elementos da composição do produto

Esse desenho que você vê a seguir simboliza o produto, pois todos esses elementos fazem parte ou constituem a sua condição como tal.

Figura 13 – Elementos de composição do produto

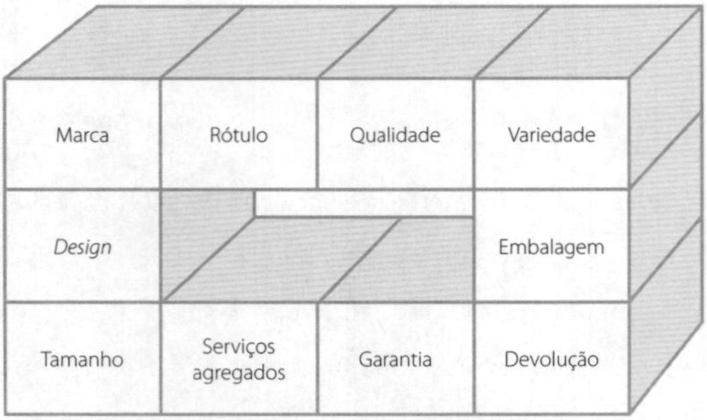

Marca	Rótulo	Qualidade	Variedade
Design			Embalagem
Tamanho	Serviços agregados	Garantia	Devolução

Quando criamos um produto, devemos planejar todas essas condições. Não basta produzir o pó do sabão em pó. É importante elaborar uma marca, uma embalagem; elaborar um *design*, um rótulo, o tamanho; definir a variedade com a qual vai ser lançado no mercado; providenciar um padrão de qualidade, serviços agregados, termo de garantia e condição de devolução. E é sobre esses aspectos intrínsecos ao produto que iremos conversar na sequência.

Marcas

A **marca** é definida pela AMA como sendo "um nome, termo, sinal, símbolo ou combinação dos mesmos, que tem o propósito de identificar bens ou serviços de um vendedor ou grupo de vendedores e de diferenciá-los de concorrentes" (Kotler, 1998, p. 393).

O fato é que as marcas surgiram como necessidade de identificação, de sinalização de propriedade, passando a ser uma soma de esforços de marketing, transformando-se em um diferencial que agrega valor ao produto e ao serviço e, consequentemente, às organizações.

Você conhece as marcas ao lado?

É inquestionável o **valor** que a marca agrega ao produto. Ela faz parte do ativo da organização. Nesse âmbito, o marketing tem demonstrado especial condição para a **criação, preservação** e **ampliação** do valor agregado à marca. Para constatar esses aspectos, é só você refletir sobre as estratégias de marketing que envolvem as empresas, simbolizadas por suas marcas, como as que foram aqui apresentadas.

Assim como o marketing apresenta um percurso de evolução, visto no início deste estudo, também a marca evoluiu na sua concepção e valoração. Nesse cenário:
»   um dos conceitos é o *brand equity*: a marca como ativo significativo do patrimônio da empresa (Tavares, 1998, p. 198);
»   outro é o *branding*: a marca como aspecto da gestão e valoração da empresa (Guimarães, 2008, p. 48).

Entre a publicação desses dois conceitos, coincidentemente constatamos – como você pôde observar – um intervalo de dez anos (1998-2008). O que ocorreu foi um novo olhar, pois o conceito de *branding* não exclui o anterior. Ele corresponde à passagem dos parâmetros próprios da sociedade industrial para os da sociedade do conhecimento (século XXI). Portanto, significa uma evolução do próprio conceito de *brand equity*.

Dizem os teóricos e divulgadores do *branding* que passamos do conceito de "cadeia de valor" para o de "campo de valor". Além disso, essa nova concepção pressupõe que passamos da gestão de marketing para a gestão de marca. Enfim, algo para ser pensado!

Para saber mais

Sobre *branding*, sugerimos a leitura do capítulo referente à palestra de Ricardo Guimarães publicado no fascículo do Fórum de Marketing Curitiba 2008: GUIMARÃES, Ricardo. Branding: gestão da marca. In: FÓRUM DE MARKETING CURITIBA 2008, 1., 2008. *Fórum de marketing Curitiba 2008*. Curitiba: Posigraf, 2008. p. 26-57.

Como criar uma marca?

No mercado globalizado, a marca abrange questões econômicas, culturais e sociais. Nas palavras de Tavares (1998, p. 109),

> *alguns grupos de consumidores usam a marca como um veículo para expressar parte de sua própria identidade que pode ser a real ou a idealizada. [...] Assim, usam produtos e bens para satisfazer não apenas suas necessidades funcionais, mas também simbólicas, no sentido de dar significado a suas vidas.*

Nesse contexto, também os proprietários (e demais *stakeholders* envolvidos com a dinâmica das organizações) se encontram diante de uma complexa rede de decisões em relação à marca, e não mais apenas os consumidores.

No que se refere à marca, considerando os termos legais, temos:

» **marca registrada** – que pode incluir palavras e/ou símbolos legalmente registrados para uso exclusivo de uma empresa. Marcas legalmente registradas recebem o símbolo ®.

Microsoft®

» **marca de serviço** – corresponde à "marca registrada", mas se aplica à oferta de serviço.

Uma marca pode ter o seu nome constituído por uma palavra, por um símbolo, por símbolo e palavra ou, até mesmo, por uma sigla.

» Uma palavra, uma letra ou um grupo de letras ou palavras, como, por exemplo: Mercur (do latim *Mercur* – nome de um deus), IBM (International Business Machines), LEGO® (do dinamarquês *leg* e *godt*, significando "jogue bem"). São as **marcas nominais** – marcas expressas em palavras.

> A criação de marcas nominativas se constitui em uma nova disciplina – *naming* – cuja importância está diretamente relacionada às estratégias do marketing.

Quadro 3 – Recursos linguísticos de construção de marcas nominais

Abreviação	FedEx
Acrônimo	Varig
Aliterados	Intel Inside
Arbitrário	Apple
Combinação	Nutrasweet
Composição	Pagemaker
Descritivo	Volkswagen
Fundadores	Disneyland
Origem/Geografia	Chocolate Caracol
História	Expresso do Oriente
Humor	Yahoo!
Inversão de letras	Omo (Mom)
Latim/Clássicos	Pentium
Mitologia	Nike
Onomatopeia	Zap
Simbolismo	Mustang
Temas	Boeing 747

Fonte: Adaptado de Naming, 2007.

» Símbolos das marcas – **marcas expressas por símbolos**. Exemplo: a árvore da Editora Abril.

» As marcas são **identidades visuais** e podem ser o somatório das marcas **nominais** com os **símbolos** ou utilizadas individualmente. Veja o *design* de uma marca mundialmente conhecida: a Coca-Cola.

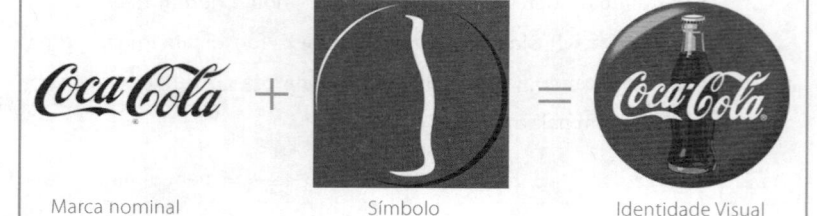

Marca nominal + Símbolo = Identidade Visual

Mas como criar um nome?

Recorrendo a McCarthy e Perreault Junior (1997, p. 158) e também com base em nossas observações, para criar um nome de marca devem ser observados alguns requisitos, como:

» Deve ser **curto e simples** (tendência atual).

» Ser fácil de **ler** e **pronunciar**.

» Apresentar um visual fácil de ser **reconhecido** e **lembrado**.

» Fácil de ser **pronunciado** em várias línguas (mercado global).

» Sugerir os **benefícios** do produto.

» Ser **adaptável** às necessidades da embalagem/rótulo.
» **Não** apresentar significado ofensivo, obsceno ou negativo. Exemplo: a *van* Kia Besta. O termo *besta* remete a vários significados: alguém de pouca inteligência; ser sanguinário, violento; ser apocalíptico, entre outros. Raramente lembramos que significa **animal de carga** (sentido no qual provavelmente o fabricante pensou quando deu o nome ao veículo).

» Ser sempre **atual** (pelo menos tentar conseguir um nome que não corra o risco de ficar desatualizado).
Bem-vindo ao século XX! Em que século nós estamos?

» Ser **adaptável** a qualquer mídia de propaganda.
» Estar **legalmente** disponível para ser utilizado por uma única empresa.
» Manter **coerência** com a imagem do produto.

» Estar em **sintonia** com seu público-alvo.

Embora *Schimmelpfeng* seja um nome de pronúncia difícil e na embalagem esteja estampada uma imagem antiga, esse conjunto faz sentido no contexto da tradição de produtos de qualidade artesanal, de sabores da "casa da avó", por exemplo, bem como do cultivo de tradições e culturas (chocolate suíço). Preenche, portanto, os dois últimos parâmetros da relação apresentada: manter **coerência** com a imagem do produto e estar em **sintonia** com seu público-alvo.

A logomarca da Vale expõe também uma situação de coerência com a imagem do produto e sintonia com o público-alvo. No caso da antiga empresa Vale do Rio Doce, foi necessária uma atitude de transformação, de adequação aos demais itens da relação de criação de nome para uma marca, pois se tratava de **adequar a imagem da marca ao mercado global**, no qual a referência geográfica ao Rio Doce (Vale do Rio Doce) não fazia sentido, embora no contexto brasileiro fosse compreensível. Assim, na recriação do nome/marca, chegaram a esta fórmula.

Marcas que são sinônimos de produtos

Algumas marcas – seja devido à condição das organizações que as introduziram no mercado ou, ainda, por fatores como grande volume de vendas, ou mesmo pelo reconhecimento de qualidade superior – tornam-se sinônimos de produto.

As cores também recebem a influência da grandiosidade das marcas, tanto que algumas receberam o nome da empresa ou o nome do produto. Podemos citar como exemplos bastante conhecidos o vermelho Ferrari (carro), o verde Kawasaki (motos) e o amarelo Caterpillar (máquinas e equipamentos).

No artigo intitulado *O uso da cor no ambiente de trabalho: uma ergonomia da percepção*, as autoras Azevedo, Santos e Oliveira (2009, p. 4) afirmam que:

Nos relacionamos com as cores pelos nossos sentidos e pelo "simbólico". Elas podem ser definidas através de comprimentos de onda, vibrações, energias ou sentimentos [...] todos estamos sujeitos à sua ação, seja pela sensibilidade a determinados estímulos luminosos ou pela representação psíquica que damos a elas.

As autoras ainda acrescentam (Azevedo; Santos; Oliveira, 2009, p. 6) que, por exemplo, na propaganda, "percebeu-se que o uso da cor é fundamental na apresentação e aceitação do produto por parte dos consumidores".

Dada a importância do fator cor em nosso trabalho de marketing, apresentamos, no box a seguir, uma lista das cores primárias (amarelo, vermelho e azul) e secundárias (laranja, violeta, verde e rosa) com os seus significados mais usuais.

> Você pode ver os exemplos, na internet, nos sites da Ferrari (http://www.ferrari.com), da Kawasaki (http://www.kawasaki.com) e da Caterpillar (http://www.cat.com).

Principais cores e significados

Amarelo: cor quente, estimulante, de vivacidade e luminosidade. Tem elevado índice de reflexão e sugere proximidade. Se usado em excesso, pode se tornar monótono e cansativo. Boa para ambientes onde se exija concentração, pois atua no SNC (Sistema Nervoso Central). É utilizada terapeuticamente para evitar depressão e estados de angústia.

Azul: está associado, na cultura ocidental, à fé, confiança, integridade, delicadeza, pureza e paz. O azul escuro dá a sensação de frieza e formalismo.

Laranja: cor estimulante e de vivacidade. Está relacionada com ação, entusiasmo e força. Possui grande visibilidade, chamando atenção para pontos que devem ser destacados.

Rosa: aquece, acalma e relaxa. Está ligada à fragilidade, feminilidade e delicadeza.

Verde: quando em tom claro, transmite sensação de paz e bem-estar. É uma cor que sugere tranquilidade, dando a impressão de frescor. Tons escuros desta cor tendem a deprimir.

Vermelho: cor estimulante. Desperta o entusiasmo, dinamismo, ação e violência. Dá sensação de calor e força, estimulando os instintos naturais e sugerindo proximidade. Se usado em excesso pode irritar, desenvolver sentimentos de intranquilidade e despertar violência.

Violeta: em excesso torna o ambiente desestimulante e agressivo, leva à melancolia e depressão. Sugere muita proximidade, contato com sentimentos mais elevados e com a espiritualidade. Assim como o vermelho, o azul escuro e o verde escuro, não se recomenda o uso em grandes áreas.

Fonte: Azevedo; Santos; Oliveira, 2009.

Se você observar as marcas apresentadas neste estudo e as do universo correspondente ao seu entorno, poderá verificar a importância que é dada ao **elemento cor** nos processos de criação das marcas e/ou de divulgação. Essa é uma pesquisa interessante e que dará a você uma percepção e compreensão de inúmeros detalhes que estão interligados ao marketing.

Tipos de marcas

Um aspecto possível de classificação das marcas, para fins de opção por *mix* de marketing, dá-se em função da propriedade, da origem, da organização e de sua divulgação. São elas: marca de fabricante, marca privada ou de revendedor, marca de família, marca licenciada, marca individual, além de marcas com extensão de linha.

Veremos a seguir suas principais características.

1. **Marca de fabricante**
   É aquela marca que foi criada para sinalizar o produto de um determinado fabricante ou produtor. Nesse contexto, encontramos, por exemplo, a Nestlé.

2. **Marca de revendedor ou privada** (marcas próprias)
   Essas são marcas criadas pelos intermediários, aqueles que ficam entre o produtor e o cliente final, normalmente de propriedade do varejista. Um exemplo desse tipo de marca é a do Carrefour.

» Vantagens:
   a. fidelização do consumidor à loja;
   b. produtos de qualidade agregam valor e clientela ao intermediário;
   c. marcas privadas que alcançam sucesso atraem clientes para o revendedor;
   d. facilidade de estratégias bem maiores do que com as marcas de fabricantes (Levy; Weitz, 2000).
» Desvantagens:
   a. produtos de baixa qualidade podem arruinar a reputação do varejista;
   b. o varejista deve arcar como os custos de redução de preços e da eliminação, se o produto falhar (Giraldi; Scandiuzzi, 2004);
   c. o varejista precisa investir para criar mercadorias e desenvolver uma imagem favorável para a marca de revenda (Levy; Weitz, 2000).

> **Observação**: entre a **marca do fabricante** e a **marca do revendedor**, existe uma batalha de marcas. Nessa situação, "a **batalha de marcas**, competição entre marcas de revendedores e de fabricantes, é apenas uma questão de que marcas serão mais populares e de quem estará no controle" (McCarthy; Perreault Junior, 1997, p. 160, grifo nosso).

3. **Marca de família**
   Falando de uma maneira generalizada, são marcas nominais utilizadas em linhas de produtos. Você pode observar esse procedimento, por exemplo, na **Dove**.

Essa marca inclui uma linha de produtos, como sabonetes, *shampoos*, cremes etc.

Outro exemplo é a marca **Isabela**. Aliás, em propaganda veiculada na TV (Isabela, 2009), a marca explora essa condição ao apresentar a **família Isabela**: vários tipos de biscoitos e de macarrão.

» **Vantagens**:
   a. o dinheiro usado para promover um produto ajuda na promoção dos outros da mesma família e propicia a redução de custos;
   b. facilita a aceitação do consumidor quando são lançados novos produtos na mesma linha.

4. **Marca licenciada**

É uma variante de "marca de família". Acontece quando uma marca bastante conhecida e de sucesso cede o seu uso – mediante o pagamento de uma taxa – para outros produtores do mesmo tipo de produto e/ou setor. Como exemplo desse procedimento, podemos citar a marca No Stress.

> Para mais informações, acesse o *site*: <http://www.nostress.com.br>.

Esse é um dos exemplos de licenciamento dentre muitos com os quais convivemos diariamente. Preste atenção no exemplo a seguir, que é do ano de 2001, e veja como o licenciamento já era amplamente utilizado. Diante disso, vale a pena consultar mais sobre licenciamento ou ainda como está a empresa que comanda a marca No Stress.

Sobre essa marca, é interessante a reportagem que reproduzimos a seguir.

Na onda do verão

O dono da marca de maior sucesso nas praias neste ano foi um estressado corretor de ações

A marca inglesa de cosméticos Body Shop foi uma das primeiras a explorar o filão político-ecologicamente correto. O reconhecimento veio rápido. O maior sucesso comercial do verão brasileiro, a marca No Stress, vai pelo mesmo caminho. São camisetas, calções, biquínis, bonés e adesivos vendidos como uma chancela de que se está bem consigo mesmo e em harmonia com a natureza. Criada pelo gaúcho Eduardo Guedes há quatro anos, a

No Stress tornou-se onipresente na costa brasileira neste verão e tem uma previsão de faturamento de 15 milhões de reais na atual temporada. Está em 120 lojas em todo o Brasil e já foi registrada em 26 países.

A paulista Irene Yovanos, de 30 anos, que passou o Ano-Novo na Praia da Guarda do Embaú, em Santa Catarina, trouxe na mala uma camiseta No Stress certa de que estaria lançando o modismo entre os amigos. Frustrou-se. Quando estreou a camiseta na academia, descobriu que muitos de seus colegas tinham tido a mesma ideia. "Encontrei mais de uma dúzia de pessoas vestidas como eu. O dono dessa marca deve estar rico", diz Irene. Está. Eduardo Guedes vem ganhando bastante dinheiro com suas peças temáticas. Não fabrica nada. Credencia indústrias e vende o nome que criou. Guedes conseguiu a proeza de associar sua marca a uma atitude ecológica. Segundo ele, 1% de todo o faturamento da No Stress vai para a entidade com o mesmo nome, que tem como objetivo a proteção das praias. "Administrar uma boa marca é um dos grandes negócios do momento. O pessoal da No Stress está fazendo tudo certo", diz Jaime Troiano, consultor de marcas de São Paulo. Outra grife nacional que se aproxima da ideia do marketing verão-saúde é a tradicional Mormaii, fabricante de roupas e equipamentos de surfe que tem mais de vinte anos de mercado e fatura 30 milhões de reais anualmente.

Administrador de empresas, o surfista Guedes começou a vida profissional aos 17 anos, como operador no mercado de ações. "Aos 18 anos ganhei meu primeiro milhão e aos 21 abri minha própria corretora", diz. Foram quinze anos comprando e vendendo papéis. Em 1995, já com um pé-de-meia que incluía uma fazenda de 700 hectares em Goiás, um apartamento de cobertura num bairro nobre de Porto Alegre e uma casa de veraneio, Guedes resolveu tirar férias. Ficou dois anos viajando pelo mundo atrás das melhores ondas.

Retornou ao Brasil decidido a não voltar ao burburinho da vida urbana. Instalou-se em Garopaba, litoral catarinense, onde criou uma empresa de aventuras ecológicas com o nome No Stress. Para atrair clientela, além de um jipe camuflado e uma barraca recheada de moças bonitas, organizou mutirões de limpeza nas praias da região. "Foi um sucesso, pois, em Garopaba, se a pessoa não surfa, não tem mais o que fazer", conta. Já no verão de 1997 vendeu 50.000 camisetas com o logotipo No Stress. Depois vieram os calções, os sapatos e uma coleção de inverno. O negócio cresceu tanto que Guedes teve de voltar a Porto Alegre, montar escritório e trabalhar mais de doze horas por dia. Há poucos meses, desmaiou de tanto stress. Agora tem planos de estabelecer uma nova base para a administração de seus negócios em Angra dos Reis, no Rio de Janeiro. O sonho não acabou.

Fonte: Baptista, 2001.

5. **Marca individual**

Algumas empresas optam por nomes distintos (marcas) para cada produto que fabricam. Buscam, assim, uma identidade própria para cada produto. Isso normalmente ocorre quando são produtos realmente diferenciados, com o intuito de evitar confusão.

Nesse caso, temos o exemplo da São Paulo Alpargatas, pois "seu portfólio é formado por 12 marcas e centenas de produtos que incluem tênis, chuteiras, sapatos e roupas" (Mattos, 2007). Entre suas marcas, destacam-se a **Havaianas** (sandália de borracha vendida no mercado global) e a **Locomotiva**, "responsável por 60% do mercado brasileiro de lonas de caminhão" (hoje com 30 produtos).

Essa estratégia também é adotada pela Nestlé em sua linha de biscoitos.

6. **Marca de extensão de linha**

Isso ocorre quando uma empresa usa a marca existente para lançar um novo produto de extensão de sua linha, ou mesmo quando lança uma nova linha utilizando a sua marca. Um exemplo de extensão de linha foi o da Motorola. Para você, Motorola é sinônimo de celular, não é? Mas saiba que tudo começou com rádios automotivos, a partir de 1930, e, em 1947, com a televisão.

» **Vantagens**:
   a. propicia o reconhecimento imediato de um novo produto;
   b. provoca a adoção mais rápida do novo produto;
   c. facilita a entrada da empresa em novas linhas de produtos;
   d. reduz de forma significativa o custo com propaganda.
» **Desvantagens**:
   a. um fracasso em relação ao novo produto irá atingir os já consolidados no mercado;
   b. pode acontecer de a marca não ser adequada à imagem do novo produto;
   c. a prática excessiva da extensão pode provocar a falta de identificação da marca ao produto por parte do consumidor. Ocorre, nesse caso, o que se chama de *diluição da marca*.

Para saber mais

Se você quiser saber mais detalhes sobre o uso da marca de extensão de linha – no caso da Motorola – é só acessar o *site* <http://www.motorola.com.br>.

Uma prática estratégica que evita a diluição da marca e estabelece critérios bem definidos da imagem do produto é o uso das **multimarcas**.

Rótulo

O rótulo, segundo Kotler e Keller (2006, p. 387), desempenha diversas funções, como identificação e classificação do produto, descrição e promoção. Essas funções devem receber atenção especial para a sua concepção.

As informações existentes nos rótulos são muitas e de grande importância. **Você costuma observá-las?**

Quando você for a um supermercado, será uma ótima oportunidade para checar esses dados. Nesse ambiente de varejo, é fácil encontrarmos produtos com esse tipo de informações. Entre outras, podemos mencionar as embalagens de margarinas, manteigas, geleias, iogurtes, molhos.

O café Damasco Clássico (também um produto alimentício), por exemplo, traz as seguintes informações em seu rótulo:

» **Marca**: consta a do fabricante (Café Damasco).
» **Forma de uso**: sugestão de preparo com a observação "Deguste o seu café preparado na hora, pois com o passar do tempo ele perde o aroma e sabor".
» **Certificação**: selo de Pureza Abic (Associação Brasileira da Indústria do Café) e o selo Q – Qualidade Abic.
» **Composição**: café torrado e moído. Tipo de café: arábica. 100% café do Brasil.
» **Informação nutricional**: consta o valor energético e a informação de que não contém glúten, além dos valores diários de referência.
» **Informações sobre a empresa**: consta o endereço, CNPJ, *e-mail*, página na internet, contato com o Serviço de Atendimento ao Consumidor (SAC – <sac@cafedamasco.com.br>), telefone (0800-703-5555).
» **Responsável técnico**: nessa embalagem, não encontramos o nome do profissional responsável.

» **Advertências, indicações e recomendações:** Não contém glúten. Perfil do sabor. Modo de conservação. Sugestão de preparo. 100% café do Brasil. Café Damasco. Não há como resistir (acompanhado de um trecho sobre o prazer de tomar o café e a sua pureza).
» **Informação sobre embalagem:** não consta.
» **Conservação:** consta o **Modo de Conservação**, com o texto: "Conservar em lugar fresco e seco. Depois de aberto, manter o produto preferencialmente na geladeira, em potes bem vedados, protegidos da luz e consumir preferencialmente no prazo de 30 dias".
» **Prazo de validade:** consta o texto: "O lote e a validade estão impressos nesta embalagem". E de fato estavam: "FAB. 07 FEV 09/ VAL. 07 MAI 09".
» **Lote:** consta – L 1158.
» **Peso:** consta – 500 g.
» **Tipo:** Clássico.
» **Código de barras:** consta. Item fundamental nos produtos, após o advento da era tecnológica.

Sobre o código de barras, vamos ler o texto transcrito do livro dos professores Robson e Roberto Seleme – *Automação da produção: abordagem gerencial* (2006).

Leitora de código de barras

Rastreia e controla itens, seu uso, valores e movimentação. Permite uma recuperação rápida e detalhada dos dados. Esse sistema é constituído por uma série de linhas e de espaços de larguras diferentes. Dois são os padrões existentes, o sistema *Universal Product Code* (UPC), usado nos Estados Unidos da América (EUA) e no Canadá, e o sistema *European Article Numbering* (EAN). A EAN Brasil é responsável pela implantação e administração do Código Nacional de Produtos (Código de Barras EAN). Os três primeiros dígitos se referem ao país (777), e os cinco dígitos da sequência se referem à empresa (88888); os próximos quatro representam o produto (9999) e os três últimos (xxx) são dígitos controle. Esse sistema é utilizado em larga escala no mercado por propiciar redução de custos, padronização e aceitação por convenções comuns.

Exemplificação de código de barras padrão EAN (adaptado de Martins e Laugeni, 2000, p. 31):

Fonte: Seleme; Seleme, 2006.

No controle dos alimentos que consumimos, já está acessível para os fabricantes o selo **Programa Minha Escolha™**, uma ferramenta útil para controlar a composição dos produtos, constituindo-se em "uma iniciativa global de representantes da indústria de alimentos desenvolvida para facilitar a escolha de opções mais saudáveis de alimentos" (2009). Nesse trabalho, eles levam em consideração pesquisas como a da Ipsos Affairs, a qual revelou que, entre os consumidores, um percentual de 47% sente-se confuso em relação ao que deve comer para permanecer com saúde. Ainda segundo o Programa Minha Escolha™ (2009),

> *Os produtos que estão alinhados [...] têm níveis controlados de 4 nutrientes-chave: gorduras saturadas, gorduras trans, os açúcares e o sódio (sal). Segundo a OMS, esses são os quatro nutrientes causadores de doenças crônicas como diabetes, obesidade e doenças cardiovasculares, quando consumidos em excesso.*

Com esse controle, expresso por meio do selo "Minha Escolha", procuram realizar seus dois objetivos básicos: facilitar para o consumidor a identificação de alternativas saudáveis para suas compras e fomentar a busca pelo aprimoramento dos produtos que a indústria disponibiliza no mercado, agregando a estes valores que atendam a demanda por itens saudáveis.

Além disso, é oportuno destacar que esse programa se encontra aberto a todos os produtores e tem abrangência global (Programa Minha Escolha, 2009).

Qualidade

Quando ouvimos falar ou, ainda, vemos um produto com a marca Brastemp, logo vem a nossa mente a imagem de um produto com qualidade superior. E também o posicionamento expresso no *slogan*: **Não é uma Brastemp...**

BRASTEMP

E o que é qualidade?

Para melhor entendermos essa questão, transcrevemos, a seguir, um trecho do livro *Gestão da produção industrial*, de Moacyr Paranhos Filho (2007).

> **Juran define qualidade por meio de vários de seus aspectos, arrolados em desempenho do produto e ausência de deficiências.**
>
> **O desempenho do produto:** sua funcionalidade deve ser pelo menos igual ou superior à do concorrente. Por exemplo, o consumo de combustível de um motor é característica decisiva (como fonte de competição) para o desempenho do produto no mercado, uma vez que os clientes comumente comparam com as qualidades dos concorrentes, e tais comparações tornam-se fatores de decisão.
>
> **A ausência de deficiências:** fatores como entregas atrasadas e problemas de funcionamento geram um conjunto de fatores que resultam na insatisfação com o produto e em consequentes reclamações e devoluções.
>
> **É importante notar que a conformidade do produto contra um padrão não garante o seu sucesso.** É possível haver um produto que, embora não apresente deficiências em relação ao seu projeto, não tenha boas vendas, isso pode acontecer em razão de um desempenho do produto do concorrente ou de um *design* diferente deste, ou quaisquer outros fatores que o cliente julgue importantes.
>
> A definição de qualidade colhida da Norma Técnica Brasileira que se referenciou na ISO 9.000 é a seguinte:
>
> » **qualidade:** grau no qual um conjunto de características inerentes satisfaz a requisitos;

> - **características**: propriedades diferenciadoras;
> - **classe**: categoria ou classificação atribuída a diferentes requisitos da qualidade para produtos, processos ou sistemas que têm o mesmo uso funcional.
>
> **A manufatura usualmente considera três dimensões da qualidade**: a com base em padrões de adequação ao uso; a com base na confiabilidade e a com base na consistência.
>
> a. **Com base em padrões de adequação ao uso, temos**:
>   - padrões de forma: dimensão, configuração, densidade, aparência etc.;
>   - padrões de conveniência: funcionamento adequado, geometria consistente, intercambiabilidade, propriedades superficiais etc.;
>   - padrão de função: desempenho satisfatório do item, quando usado na aplicação do consumidor.
> b. **Com base na confiabilidade**: essa dimensão da qualidade ocorre quando o produto funciona conforme o esperado, durante um período razoável, ou seja, a probabilidade de funcionamento correto, durante um período específico de tempo, é alta.
> c. **Com base na consistência**: a qualidade aqui está relacionada ao fator mínimo de desvio dos padrões, todas as unidades devem possuir os mesmos atributos, funções e desempenho, com pouca variação entre elas – sem defeitos.
>
> [...]
>
> Qualidade é a condição necessária para garantir o sucesso de uma operação de produção. Produzir com qualidade é fator chave para a competitividade das empresas, no entanto, não podemos planejar a qualidade se não entendermos o seu significado.

Fonte: Paranhos Filho, 2007, p. 95-96.

Após esse detalhamento, acreditamos não ser necessário insistir para que você passe a valorizar o item qualidade no momento em que for elaborar um planejamento de marketing ou uma campanha de divulgação de um produto.

> **Para saber mais**
> Se você quiser se aprofundar no estudo sobre qualidade, sugerimos a leitura do livro *Gestão da produção industrial*, do professor Moacyr Paranhos Filho. Em um de seus capítulos, o autor aborda exclusivamente o assunto: histórico, organização da qualidade e do departamento de controle da qualidade, bem como características, especificações, estratégias, sistemas, TQC (Controle de Qualidade Total), ferramentas, causas sistêmicas e especiais, avaliação, técnicas de melhoria e prevenção de falhas – todos esses aspectos no tocante à qualidade: PARANHOS FILHO, Moacyr. *Gestão da produção industrial*. Curitiba: Ibpex, 2007.

Variedade

A variedade de produto é uma das condições a permitir que as organizações atendam a uma gama maior de clientes – ou seja, para que tenham uma base maior e, por consequência, aumentem suas vendas.

Você já observou a variedade de sabores na linha de sucos dessa marca?

Imagine uma empresa fabricante de suco com um único sabor do suco em seu portfólio? E se fosse o caso de um fabricante de biscoitos com um único sabor de biscoito? Ou um único tipo de pão, no caso de um fabricante de pães? Não poderiam atender às necessidades e/ou desejos de seus clientes com um único tipo de alimento. No entanto, se disponibilizarem alimentos com sabores diferentes, poderão atingir uma gama variada de pessoas com desejos e necessidades diferenciados.

A variedade na linha de automóveis também exemplifica a importância da variedade, seja pelos modelos e cores, seja pelos objetivos em relação aos benefícios esperados pelo cliente.

Tamanho

E como não dizer que o tamanho não é importante? Sim, é importante, pois propicia a facilidade na escolha dos produtos conforme os eventos e as necessidades. Esse é um fator fácil de observar nas embalagens de refrigerantes.

Você já prestou atenção na variedade que existe para satisfazer às diferentes pessoas e ocasiões em que o refrigerante é consumido?

Nesse caso, temos as embalagens retornáveis e as não retornáveis (PET, por exemplo). De acordo com informação do *site* da Coca-Cola, os tamanhos disponíveis para o cliente são vários, como vemos a seguir:

Tabela 1 – Tamanhos e tipos de embalagens da Coca-Cola

Embalagens	
Retornáveis	Não retornáveis
1 litro – garrafa de vidro	600 ml – PET
1,25 litro – garrafa de vidro	1 litro – PET
1,5 litro – garrafa plástica	1,25 litro – PET
2 litros – garrafa plástica	1,5 litro – PET
200 ml – garrafa de vidro	1,75 litro – PET
290 ml – garrafa de vidro	2 litros – PET
500 ml – garrafa de vidro	
600 ml – garrafa de vidro	
2,25 litros – PET	
2,5 litros – PET	
3 litros – PET	
237 ml – garrafa de vidro	
350 ml – garrafa de vidro	
250 ml – lata	
350 ml – lata	
Post Mix – Copos de 300 ml/500 ml/700 ml	

Fonte: Coca-Cola, 2009.

O que podemos observar nesse quadro de especificações das embalagens da Coca-Cola é que, além do tamanho, também os materiais para a produção das embalagens sofrem variações (vidro, lata, PET, papelão) para adequá-las aos consumidores e às situações-alvo.

Embalagem

Você já percebeu que **as embalagens podem apresentar, para um único produto, mais de um invólucro?**

Sim, a embalagem pode incluir, para um único exemplar de um produto, vários níveis de invólucros – segundo Kotler (1998, p. 406), podem ser até três. Nesse processo, há um conjunto de atividades de projeto e produção do recipiente ou envoltório. Veja a seguir as características:

» **Embalagem primária** – aquela que contém o produto em si, como, por exemplo, o frasco de vidro que contém o perfume 212 Men, da marca Carolina Herrera.

» **Embalagem secundária** – aquela que contém uma embalagem primária com seu conteúdo – nesse caso, a caixa que contém o frasco de vidro com o perfume.

> **Embalagem de embarque ou remessa**: aquela que contém um número x de embalagens secundárias com seus conteúdos. No caso do perfume, a caixa com x embalagens secundárias, as quais contêm, cada uma, um frasco de vidro com o perfume e que é usada para remeter o produto para as lojas.

Segundo Dias (2003, p. 111), **encontramos embalagens com funções de**:

> proteger o produto e preservar sua qualidade durante a vida útil;

> atrair a atenção do cliente pelo *design* e pelo material diferenciado e criar desejo de compra;

> comunicar os benefícios e atributos do produto;

> ser coerente com a imagem desejada para o produto;

» fortalecer a imagem.

Considerando todas essas funções, fica fácil entender que a embalagem participa ativamente dos esforços de uma campanha de marketing. Portanto, seu desenvolvimento merece atenção especial. Nesse sentido, Kotler (1998, p. 406, grifo nosso) afirma que "embalagens bem desenhadas podem criar **valor de conveniência** para o consumidor e **valor promocional** para o crescente uso da embalagem como ferramenta de marketing", relacionada:

» aos procedimentos de autosserviço;
» à disposição do consumidor para pagar mais por produtos com embalagens melhores;
» ao reconhecimento da imagem da empresa e da marca;
» a oportunidades de inovação que irão beneficiar os consumidores e trazer lucros para a empresa.

Na criação da embalagem, conforme Kotler (1998, p. 407), além da concepção da ideia e da arte, outros aspectos devem ser observados atentamente. São características e particularidades como "tamanho, forma, materiais, cor, texto impresso, símbolo da marca", bem como aspectos relacionados à segurança do produto (tipo de tampa, por exemplo), pois "o tamanho interage com os materiais, cores etc. e todos os demais elementos devem estar de acordo com as decisões de preço, propaganda e de outros elementos de marketing".

Você já relacionou o conceito de embalagem com preocupações ambientais?

Esse é um fator de especial interesse no início deste século XXI. Com a crescente expansão da consciência ecológica, ao criar uma embalagem é importante que seja considerada a origem da matéria-prima, questionando-se o uso de materiais renováveis, de materiais em extinção, de materiais recicláveis, de materiais poluidores, entre outros, para que a opção atenda à segurança do produto e aos critérios de desenvolvimento sustentável e ecologicamente corretos.

Design

O *design* representa um diferencial que irá caracterizar determinado produto. Podemos observar, em nosso entorno mercadológico, produtos com *design* inovador, conservador e contemporâneo. Naturalmente, esses aspectos temporais e estilísticos não são ocasionais, pois visam atender aos desejos e necessidades de seu público-alvo.

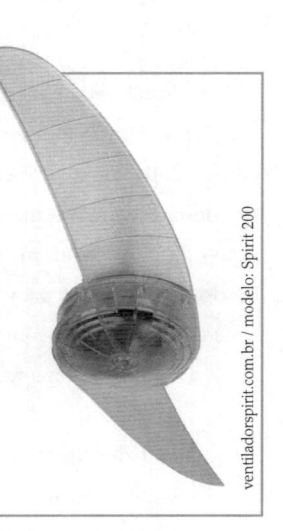

ventiladorspirit.com.br / modelo: Spirit 200

A importância do *design* é de tal forma determinante para uma organização que pode representar sua política mercadológica. Um exemplo significativo foi o fato de a Coreia do Sul optar pelo *design* inovador como elemento de diferenciação de seus produtos e ferramenta para conquistar o mercado global. Nesse sentido, segundo a *designer* Gisele Raulik (Coreia..., 2007, p. 34-39), a opção "da Coreia pelo *design* foi realmente a mais acertada para se destacar na economia mundial. [...] há muito tempo os governos usam o *design* como estratégia para o desenvolvimento econômico e social. O que muda de país para país é a maturidade dessa estratégia."

Para saber mais

Sugerimos a leitura da revista *D2B – Desing To Branding Magazine*, pois ela proporciona uma ampla visão sobre as possibilidades do *design* e de sua importância em uma estratégia de marketing. Você também pode acessar tais informações pelo *site* <http://www.d2b.com.br>.

Estudo de caso

Um fato ilustrativo da necessidade de inovações e renovações constantes para acompanhar as tendências do mercado está na notícia divulgada na internet em 16 de março de 2009 – "Peter Pan?"

Peter Pan?

O mais novo caso de amor do luxo é com a infância: *designers* estão cada vez mais criando brinquedos colecionáveis e novidades inspiradas pela juventude, enquanto as marcas infantis estão evoluindo e se transformando em etiquetas do estilo de adultos, oferecendo suéteres de *cashmere*, coleções limitadas de estilistas da moda, produto de SPA e joias finas.

Martin Raymond, fundador do Future Laboratory de Londres e especialista na previsão de tendências, acredita que o prognóstico é simples: "Isso faz as pessoas sentirem saudades do passado, despertando lembranças de brincadeiras e marcas da infância".

Enfim, os produtos voltados para adultos, das empresas que tinham como foco as crianças e adolescentes, já representam uma parte significativa dos negócios da Disney, Mattel e Sanrio, por exemplo.

Fonte: Valor Econômico; Gazeta Mercantil; Dinheiro; Carta Capital, citados por ABMN News, 2009d.

O que aconteceu nesse caso? O *design* ofereceu a possibilidade de realização às estratégias de renovação e inovação de uma determinada imagem. **O mais interessante é que no marketing, muitas vezes, inovar é buscar o antigo.** Você já observou isso?

Garantia e devolução do produto

A garantia agregada ao produto é componente de valoração deste. Essas garantias oferecidas pelos fabricantes e/ou, em algumas ocasiões, pelos distribuidores, que são previstas em lei, apresentam uma validade que, normalmente, considera um determinado período de tempo e de condições de uso em função da natureza do produto. Nesse quesito, é necessário que seja prevista uma estrutura que viabilize o atendimento das garantias prometidas. Isso inclui condições técnicas e de preparo de pessoal.

Nessa estrutura, é necessário prever canais de comunicação e operacionalização dos processos, inclusive para as possíveis devoluções. É nesse momento do planejamento das estratégias que você deve, entre outras perguntas, responder a questões como: Existe um sistema para receber reclamações e/ou dar orientações ao cliente? O pessoal da linha de frente e de apoio foi treinado para transmitir segurança e confiabilidade ao cliente?

Serviços agregados

Ambrósio (2007, p. 54) relaciona uma série de perguntas que oferecem orientação para os serviços que podem estar agregados ao produto. Entre elas, destacamos:

» Quais os serviços associados ao produto?
» Qual estrutura de serviços será utilizada?
» Como será o processo de treinamento para a estrutura de serviços?
» Como será o processo de atendimento ao consumidor?
» Quais instruções serão fornecidas para uso do produto?
» Como será o manual do produto?
» Há necessidade de treinamento do cliente? Caso haja, como o treinamento será estruturado?
» Quais características (regionais) relativas às necessidades e aos desejos dos consumidores causarão impacto no produto e exigirão versões específicas (influências ambientais, culturais, religiosas, geográficas, legais, linguísticas)?

Esses questionamentos servem de orientação para organizar o processo, como sinalizadores do planejamento.

Síntese

Como você pôde perceber, o "produto" agrega em sua concepção elementos fundamentais da estratégia de marketing: qualidade, marca, serviços, embalagem, *design*, tamanho, variedade, valores relacionados à garantia e devolução, bem como processos que viabilizam a identidade do produto. Cada um desses tópicos justifica um estudo em particular. Na gestão de marketing, o que precisamos é ter a visão clara desses compartimentos para fazermos um planejamento objetivo e realista, o qual atenda aos propósitos da empresa e às necessidades dos clientes, interligando missão e visão da organização com os procedimentos mercadológicos. Aliás, sem produto e/ou serviço não temos o que oferecer para o consumidor. Sem o P de *produto*, não há por que planejar.

Questões para revisão

Transcrevemos alguns trechos retirados da *Revista D2B – Design To Branding Magazine*, para refletirmos sobre o conteúdo estudado: produto, marca, serviços agregados e outros.

> No mundo conectado e globalizado de hoje, os lugares competem entre si para atrair consumidores, turistas, investidores, capital, respeito e atenção. As cidades, como força econômica e cultural das nações, estão sensivelmente se tornando foco da competição internacional por investimentos, talentos e fama. Porém muitas delas não atraem investimentos ou os talentos certos porque sua marca não é tão forte quanto poderia ser, enquanto outras estão se beneficiando de forma positiva por terem uma marca forte e com grande apelo. Nas últimas décadas, temos conhecido exemplos de cidades pouco desejadas, como Barcelona, Sidney, São Francisco, Montreal, Bilbao, Melbourne, etc., que souberam trabalhar a sua identidade de forma competente e hoje se situam entre os principais destinos mundiais. [...] Paris é romance, Milão é estilo, Nova York é energia, Washington é poder, Londres é vanguarda, Tóquio é modernidade e Barcelona é cultura. Todas essas cidades famosas e de sucesso construíram suas identidades a partir de sua história, suas belezas, seus monumentos, personagens e ícones. Na realidade, são marcas poderosas que souberam aliar suas características e história a estratégias de marketing para se tornarem destinos preferenciais para turistas, executivos, empreendedores e, fundamentalmente, lugares de extremo valor para seus cidadãos.

Fonte: As cidades..., 2007.

1. Baseando-nos no texto que acabamos de ler, podemos afirmar que para uma cidade se transformar em uma marca poderosa, capitalizar essa

valoração para o turismo e para os investimentos, ela deve recorrer a sua história, beleza, monumentos, ícones e personagens. O que esse processo permite que a cidade construa?

2. No texto lido, o qual fala sobre essa nova área do marketing – *place branding* –, qual é o produto? E qual é a marca? Explique.
3. No Brasil, você identifica alguma cidade que trabalhe a estratégia de produto relativa ao *place branding*?
4. No texto de Luiz Alberto Marinho, transcrito a seguir, foi abordada a batalha entre as marcas próprias e as marcas dos fabricantes. Com base nessa leitura e com as informações deste capítulo, diga quais os fatores que privilegiam as marcas próprias?

Santo de casa

Marcas próprias e regionais ampliam participação no país

Muitos varejistas acreditam que a receita para superar a crise e manter em alta a lucratividade está dentro de casa, mais precisamente nas marcas próprias, que é o nome que os comerciantes dão aos produtos que vendem com exclusividade e que tanto podem levar o nome do próprio estabelecimento como outro nome fantasia qualquer. Prova disso é o otimismo de Neide Montesano, presidente da Abmapro (Associação Brasileira de Marcas Próprias e Terceirização), que divulgou no mês passado em São Paulo estimativas de crescimento para o setor da ordem de 15% este ano, principalmente em função dos preços competitivos desses produtos, que podem ser até 20% mais baratos do que as marcas dos fabricantes nacionais.

Porém, enganam-se os que pensam que no Brasil as marcas próprias são apenas sinônimo de produtos de qualidade mediana vendidos por preços baixos. Segundo dados da consultoria Nielsen, 49% das residências brasileiras compraram ao menos uma vez um produto de marca própria durante a primeira metade do ano passado. Isso significa um universo de 18 milhões de lares. A penetração das marcas próprias chegou a praticamente 55% nos lares de nível socioeconômico alto, ou seja, habitado por pessoas pertencentes às classes A e B, numa clara demonstração de que os produtos chancelados, supermercados, farmácias, lojas de departamento já ganharam a confiança de uma parcela importante dos consumidores. Ainda segundo a Nielsen, as marcas próprias receberam especial atenção das donas de casa com idade entre 40 e 50 anos, com filhos adolescentes, moradoras de São Paulo e do Nordeste.

Vida dura

Como se a competição com as marcas próprias já não fosse dura o suficiente, as marcas produzidas pelos fabricantes tradicionais ainda sofrerão em 2009 a concorrência das marcas regionais – aquelas que estão presentes apenas em determinados mercados. Apenas na primeira metade do ano passado esses produtos regionais já haviam abocanhado um terço do faturamento total das marcas no país. Para ter uma ideia do poder que elas adquiriram, na região Centro-Oeste a penetração das regionais passa de 70% e no Nordeste chega a 45%. Os maiores atrativos dessas marcas são o preço (70% delas são mais baratas que as nacionais) e a proximidade (a maioria do faturamento delas vem de pequenos supermercados).

Em resumo, apesar da renda em alta dos brasileiros favorecer o consumo, especialmente de alimentos e bebidas, a vida dos fabricantes desses tipos de bem não deve ser nada fácil neste ano que se inicia.

Fonte: Marinho, 2009.

5. Quais os demais componentes do produto, além das marcas? Descreva-os resumidamente.

capítulo 4
preço e praça

Conteúdos do capítulo
- Os componentes do P de preço.
- Os componentes do P de praça.

Após o estudo deste capítulo, você será capaz de...
- Avaliar as dimensões estratégicas das questões de preço.
- Levantar os fatores envolvidos no quesito preços.
- Analisar as dimensões estratégicas da praça.
- Detalhar os aspectos envolvidos nas decisões sobre praça

> Segundo Walter Longo, em entrevista ao *Fórum de Marketing Curitiba 2008*, "no mundo *business*, os paradigmas de modelos de negócios em geral e especificamente de marketing – de como atrair e reter clientes – estão sendo profundamente questionados" (Longo, 2008).

Considerando a complexidade de um mercado globalizado, no qual, cada vez mais, o cliente final é quem tem o controle sobre produtos e serviços (enquanto atravessamos um período em que ouvimos falar ora em gestão de marketing, ora em gestão de marca – *branding*, bem como em gestão do cliente), analisar os componentes de **preço** e **praça** é visualizar aspectos objetivos de implantação de um plano de marketing.

O preço

Entre os elementos do composto de marketing, o **preço** é uma variável que "envolve muitas dimensões estratégicas" para o gestor de marketing, como afirmam McCarthy e Perreault Junior (1997). De acordo com esses autores, as "decisões de preço são especialmente importantes porque afetam o volume de vendas de uma empresa e quanto dinheiro ela ganha".

Nesse sentido, nós, profissionais de marketing – ou que de alguma maneira estamos envolvidos em ações que necessitam de conhecimento de marketing e, especificamente, sobre o preço –, devemos atentar para uma estratégia objetiva de políticas para o preço. Nesse conjunto de especificações, ainda observando as orientações de McCarthy e Perreault Junior (1997, p. 274), devem constar:

» quão flexíveis serão os preços;
» em que nível os preços serão estabelecidos durante o ciclo de vida do produto;
» a quem e quando os descontos e as concessões serão dados;
» como os custos de transportes serão tratados.

Considerando essa tratativa, você já deve ter percebido que todos os aspectos relativos ao quesito preço devem ser cuidadosamente previstos, acompanhados e planejados dentro da estratégia de um composto de marketing.

Mas qual o fator que determina o preço?

O objetivo da empresa, como já foi dito, é o **lucro**. Existe um custo de produção e de distribuição sobre o qual deverá ser calculado um percentual de lucro. Isso é o básico. Esse percentual é definido dentro dos objetivos específicos de cada empresa, de acordo com sua atuação e expectativas no mercado-alvo.

Vamos lembrar que a equação relativa ao preço determina que "preço é igual a algo" (McCarthy; Perreault Junior, 1997, p. 274).

Você já pensou sobre o que significa esse **algo**?

Obviamente, se considerarmos esse **algo** em relação ao consumidor, significará um valor com nuances daquilo que significa para o distribuidor e/ou o produtor.

Dimensões dos preços

Considerando as dimensões do item **preço** (McCarthy; Perreault Junior, 1997, p. 275), elas podem envolver:

» sob a perspectiva do **consumidor** ou **usuário**:

descontos + concessões + abatimentos e cupons + impostos = produto

» sob a perspectiva da **distribuição**:

descontos + concessões + impostos e taxas = produto + praça + preço + promoção

Quando focamos na perspectiva da **empresa** (produtora ou prestadora de serviço), a dimensão relativa aos preços vai envolver o aspecto essencial do planejamento de marketing em relação a essa variável: **a política de objetivos de preço**. Esta pode ser voltada para o lucro, para as vendas ou para a situação de mercado.

1. Objetivo do preço direcionado para **o lucro**: nesse tipo de planejamento, o que a empresa busca é a **maximização do lucro**. Isso ocorre, algumas vezes, por meio de um preço alto sobre o custo do produto; em outras, por meio de um preço menor, pois o que importa nessa estratégia é permitir uma grande tiragem ou quantidade de ganhos em escala (*mark up*).

2. Objetivo do preço direcionado para **a venda**: nessa orientação, o planejamento de marketing busca o **crescimento da participação** do produto ou da empresa no mercado – *market share*, ou cota de mercado. Importa mais a expansão das vendas e a totalidade do faturamento do que o fator lucro sobre os custos. Como explicam McCarthy e Perreault Junior (1997, p. 277), "uma maior participação de mercado – se obtida a preço muito baixo – pode levar ao 'sucesso' rentável".

3. Objetivo de preço voltado para a **situação de mercado**: segundo os autores já citados, essa é uma atitude das empresas para **evitar a concorrência** quando o mercado está estabilizado. Apresenta como característica o fato de igualar o preço ao da concorrência, o que equivale a dizer que esta não está focada nos preços.

Para você, foi possível **observar a função do planejamento no processo de estabelecer a política de preços**? Alertamos para esse fato porque a orientação da organização em relação ao mercado em que está inserida (ou os seus objetivos) deve estar presente nessa elaboração em que serão fatores determinantes a maximização dos lucros, o crescimento da participação no mercado ou evitar o confronto com a concorrência, e não simplesmente os cálculos aritméticos dos custos.

Estratégia de preços

Mas, afinal, como vamos administrar, na prática, o processo de estabelecer preços?

Esse é um procedimento que requer estudos cuidadosos. Quanto maior for a autonomia da empresa – no sentido de esta não ficar apenas ao sabor do mercado –, mais fácil será estabelecer estratégias mantendo a sua saúde.

No processo de estabelecer políticas de preços, encontramos opções de flexibilização, de nível de preços e de listas de preços.

No caso da **flexibilização**, temos:

» a política do preço único – igualdade para todos os compradores do produto;
» a política de preços diferenciados – distintos preços para diferentes compradores.

Quando o enfoque é estabelecer a precificação a partir dos **níveis de preços**, o que deve ser feito é considerar o ciclo de vida do produto. Nesse caso, temos duas opções:

» **desnatação** – o preço introdutório é estabelecido como *premium* (maior preço da categoria), o que possibilita maximizar o lucro logo no início das vendas e, gradativamente, fazer uma curva decrescente no preço, atingindo, assim, novas "camadas" da população;
» **penetração** – introdução de produtos a preço baixo, procurando, dessa maneira, atingir o maior número possível de consumidores. Os ganhos são determinados pela venda em escala.

Nesses processos, normalmente, as empresas estabelecem uma **lista** em torno da qual são desenvolvidas as situações de preços, ou seja, os preços-base. Nessas listas é possível desenvolver políticas de descontos para os preços, quais sejam:

» descontos por quantidade;
» descontos cumulativos (somatório de volume de compras);
» descontos por compras sazonais (compras antecipadas – por exemplo, uma loja que compre em janeiro produtos para vender no Natal);
» descontos para compras à vista;

» desconto comercial (possibilita ao comprador revender o produto com sua margem de lucro e cobrir suas despesas).

Nessa modalidade – **preços de lista** – encontramos também o chamado *preço de venda*: o vendedor faz uma redução temporária do preço que consta na lista para alavancar as vendas quando ele desejar, e não necessariamente quando o cliente solicita.

No que se refere aos preços de listas, ocorrem ainda as conhecidas **políticas de concessões** (McCarthy; Perreault Junior, 1997, p. 277-285): de algo por algo (propaganda); de espaço nas prateleiras (estocagem); de prêmio em dinheiro (motivar o vendedor a "empurrar" determinado produto); de troca (o produto usado é utilizado para reduzir o preço do novo); de cupons de descontos.

O fator preço e os custos com fretes

Outro fator que interfere nos preços de produtos ou serviços são os custos com o transporte. Algumas empresas utilizam a entrega gratuita. No entanto, o frete pode significar uma moeda de negociação, principalmente quando da venda para indústrias ou destas para revendedores, situações em que o volume é grande.

Outras modalidades de pagamentos de fretes são:
» **preço regional** – nessas circunstâncias, o vendedor paga um preço normal por cada frete e cobra dos clientes um custo médio igual;
» **preço de entrega uniforme** – o vendedor cobra um custo único de frete para todos os clientes, independente da localização.
» **preço com frete incluído** – o vendedor absorve o custo de frete.

O **procedimento** mais produtivo e usado no momento de estabelecer o preço para um produto ou serviço, depois de avaliar todos esses aspectos aqui levantados, é usar o **preço de valor**. Isso significa um preço justo para um produto considerando os custos e também aquilo que os clientes desejam.

Atentando para essa realidade, vamos analisar a relação preço/valor.

A relação preço/valor

Vamos deixar essa questão mais clara! Em um curso, qualquer que seja ele, você paga o quê? Mensalidade? Anuidade?

E se você fizer um empréstimo para comprar um carro, por exemplo? Certamente vai pagar juros.

Você deve estar se perguntando: **mas qual é a novidade nisso?** Nenhuma. Toda transação envolve – e isso é notório e sabido – uma **troca**, e nas transações comerciais, evidentemente, existe a figura do **dinheiro**. O dinheiro corresponde, assim, ao preço de **algo**. Logo, sua mensalidade é de **X reais** (dinheiro brasileiro) e seu empréstimo é de **Y reais**.

No entanto, o fator que determina a nossa concordância em pagarmos ou não o preço de um determinado produto ou serviço envolve a questão de **valoração**, na qual estão inseridos aspectos relativos às expectativas e necessidades (ou desejos), e não apenas ao custo de produção ou de prestação do serviço. Essa é uma variante amplamente explorada e que precisa de estudo e tratamento adequado na precificação e no todo da gestão de marketing: o **valor**.

Os **valores** que foram agregados a determinado produto ou serviço, além do seu custo de produção e/ou de operacionalização, são fatores determinantes na atuação no mercado.

Como se dá a agregação de valor a um produto ou serviço? Quais os fatores que agregam valor?

Podemos dizer que, basicamente, esses fatores estão relacionados com necessidades, perspectivas e expectativas.

Você pode se imaginar ao meio-dia, o Sol com todo o seu esplendor, 35°C à sombra. Mas você não encontrou nenhuma sombra e caminhou por horas à beira da praia, o suor já gotejou, gotejou... Você olha para o mar, aquela imensidão de água... salgada! De repente, parece até uma miragem. Você se belisca para ver se é real: um carrinho que vende água de coco!

Você está salvo! Pede uma água de coco e pergunta "quanto é" (já procurando o dinheiro no bolso). O rapaz sob o guarda-sol lhe responde um valor cinco vezes maior do que você já está habituado a pagar.

Qual a sua reação?

Seria, por acaso, esta: "Como?! Quer me cobrar R$ 10,00? Normalmente pago R$ 2,00. Vou procurar outro vendedor!"

Não, você não reage assim, e ainda acrescenta: "Quero duas!", mesmo que tenha levado um susto.

É o **fator necessidade**. Mas poderia não ser uma necessidade orgânica. Poderia ser, por exemplo, uma necessidade de *status*, de conhecimento ou profissional, como, por exemplo, trabalhar o dia todo e, à noite, em vez de ir para casa ou para o lazer, frequentar um curso ou ir ao teatro.

O **fator *status*** – muito comum e facilmente reconhecido por todos – ocorre na escolha de carros, roupas de grife, entre outros.

Existem também aqueles valores agregados pela satisfação de necessidades relativas ao bem-estar coletivo, como a responsabilidade socioambiental por parte da empresa que produz e/ou vende o produto, ou o serviço. Estes são os fundamentos do *marketing societal*, ou do *cultural*, ou, ainda, do *ecológico*.

Um exemplo de agregação de valor por intermédio de benefícios oferecidos pelas organizações, e com propósitos além dos comerciais, são as organizações que aderiram ao **selo do Procel**.

> Para saber mais sobre o Procel, consulte os seguintes *sites*: <http://www.eletrobras.com/procel> e <http://www.procelinfo.com.br>.

O **Selo Procel de Economia de Energia**, ou simplesmente Selo Procel, foi instituído por Decreto Presidencial em 8 de dezembro de 1993. É um produto desenvolvido e concedido pelo Programa Nacional de Conservação de Energia Elétrica – Procel, coordenado pelo Ministério de Minas e Energia – MME, com sua Secretaria-Executiva mantida pelas Centrais Elétricas Brasileiras S.A. – Eletrobrás.

O Selo Procel tem por objetivo orientar o consumidor no ato da compra, indicando os produtos que apresentam os melhores níveis de eficiência energética dentro de cada categoria, proporcionando assim economia na sua conta de energia elétrica. Também estimula a fabricação e a comercialização de produtos mais eficientes, contribuindo para o desenvolvimento tecnológico e a preservação do meio ambiente.

No processo de concessão do Selo Procel, a Eletrobrás conta com a parceria do Instituto Nacional de Metrologia, Normalização e Qualidade Industrial – Inmetro, executor do **Programa Brasileiro de Etiquetagem – PBE, cujo principal produto é a Etiqueta Nacional de Conservação de Energia – ENCE**, sendo também a Eletrobrás parceira do Inmetro no desenvolvimento do PBE. Normalmente, os produtos contemplados com o Selo Procel são caracterizados pela faixa "A" da **ENCE**.

Etiqueta Nacional de Conservação de Energia
Para ser contemplado com o Selo Procel, o produto deve ser submetido a ensaios específicos em laboratório idôneo, indicado pelo Procel. Os parâmetros a serem avaliados para cada equipamento constam nos Critérios Específicos para Concessão do Selo Procel [...]. A adesão das empresas ao Selo Procel é voluntária.

Fonte: Brasil, 2009a.

Pense na sua responsabilidade!!!

Um exemplo de agregação de valor pela orientação do **marketing societal** oferecido pela empresa é o da fazenda Frankanna, situada no município de Carambeí (PR), com seu "sistema de plantio inovador, câmeras de vídeos no curral, biodigestor para evitar a emissão de gás metano na atmosfera e bônus de até três salários por ano aos funcionários – assim é a rotina da Frankanna, considerada modelo de eficiência e produtividade no país" (Seibel, 2007, p. 51).

Assim, atendendo aos requisitos socioambientais (valorização do meio ambiente, incluindo o ser humano), essa empresa consegue ser modelo e campeã de produtividade, pois, com isso, agrega valor ao seu produto.

Praça

O P de **praça** se refere, basicamente, à **distribuição** do produto ou serviço.

Nesse contexto, precisamos analisar, avaliar e decidir os seguintes aspectos:
- » o tipo de canal, se direto ou indireto;
- » o quanto o produto deve ser exposto no mercado, se de forma intensiva, seletiva ou exclusiva;
- » se haverá intermediários e quais os facilitadores que participarão desse processo;
- » como será o procedimento administrativo ou de gerenciamento dos canais de distribuição;
- » o nível ou qualidade do serviço que deverá ser oferecido ao consumidor final;
- » o nível das instalações físicas para operacionalizar a distribuição.

Você já havia percebido toda essa rede de interligações necessárias nas estratégias de distribuição?

Como você pôde perceber, trata-se de uma trama complexa, pois envolve a operacionalização do processo de colocar o produto à disposição do provável consumidor, isto é, torná-lo **visível e acessível para atender às necessidades deste**.

Nesse cenário, a **praça**, o **produtor**, o **distribuidor** e o **consumidor se encontram** e todos apresentam necessidades e objetivos. Portanto, elaborar uma estratégia que administre essa situação requer conhecimentos do produto, da praça, das aspirações do público-alvo e de relações humanas.

Estudo de caso

Para vender mais

Segundo Paco Underhill, dono da consultoria Envirosell, não há clientes novos no varejo. Com 20 anos de estudos, ele afirma que as lojas precisam melhorar a capacidade de convencer os clientes existentes a comprar mais, já que as pessoas tomam decisões sobre o que comprar quando estão comprando, e não antes. Logo, as lojas precisam apresentar informações sobre as mercadorias de modo convincente. "Tudo diz respeito ao marketing interno das lojas", afirma Underhill.

O tempo médio que os consumidores passam vasculhando as gôndolas está aumentando cerca de 20%, uma vez que eles estão lendo rótulos com mais atenção. Com isso, Underhill afirma que as pessoas estão descartando produtos com mais frequência. Há ainda a questão da escolha, já que alguns consumidores não compram produtos que não são necessários. Colocar um aviso que diga que o produto é o mais vendido, segundo Underhill, é uma alternativa para assumir algum controle sobre a visão do consumidor.

A ideia é fazer os clientes sentirem que estão comprando algo de valor. Ao passar por Manhattan, Underhill destacou bons exemplos na Whole Foods. Um cartaz fincado em uma pilha de batatas Russian Banana indagava: "Elas não estão bonitas?", como uma forma de vender o produto, já que elas são mais caras que as batatas Idaho, por exemplo. Para melhorar os cartazes, Underhill afirma que as leituras devem demorar no máximo 15 segundos, ou seja, ter cerca de 30 palavras.

Fonte: Carta Capital; Exame; Gazeta Mercantil; Valor Econômico, citados por ABMN News, 2009c.

Como você pôde analisar ao interligar todas essas informações, as estratégias de marketing e o planejamento envolvem vários aspectos relacionados ao preço e à praça que não são apenas calcular valores aritméticos e marcar um ponto no mapa. Concorda?

Canais de distribuição

Há empresas que optam por usar seus próprios canais de oferta do produto ao público-alvo: é o **canal direto** – não confundir com marketing direto (este pode ser usado tanto por canais diretos como indiretos).

O canal direto se caracteriza pelos seguintes aspectos:
- » maior controle da abrangência total do marketing;
- » o custo pode ser mais baixo em razão da inexistência de atacadistas e varejistas;

- contato direto com os consumidores, o que possibilita a rápida tomada de ciência das novas necessidades que surgem por parte deles;
- é mais fácil de implantar as modificações de campanhas ou estratégias;
- também se torna mais fácil conseguir a motivação das equipes responsáveis pelas vendas e oferecer treinamentos aos envolvidos no processo.

No que se refere aos produtos industriais, a grande maioria opta pelos **canais indiretos** de distribuição, o que inclui atacadistas e varejistas no processo.

As características mais marcantes desse fluxo de mercadorias, feito por intermédio dos canais indiretos (de intermediários), são:

- facilitar o atendimento a consumidores que estão distantes;
- oportunizar o atendimento a consumidores que preferem locais convencionais de compras (por exemplo, comprar o DVD em uma loja de informática);
- possibilitar que o consumidor encontre aquele produto em um local em que haja o **agrupamento** de produtos que buscam atender às necessidades de uma mesma função (área de interesse do consumidor), na **quantidade** que aquele mercado-alvo deseja e atendendo à **variedade** de sortimento necessária para uma compra que permita economia de tempo e facilidade de escolha. Um bom exemplo disso são as lojas que vendem materiais para construção. Ali você encontra materiais elétricos, tubulações, fixadores, tintas, peças para o banheiro, entre outros itens, de variadas marcas, estilos e proporções;
- ajustar a oferta e a venda do produto ao consumidor final (principalmente quantidade e apelo de necessidade).

Assim, após serem definidos os canais pelos quais devem ser distribuídos, os produtos são colocados no mercado atacadista e/ou varejista.

Sistemas verticais de marketing

Você já observou produtos mal distribuídos em uma loja? Aquele expositor de chinelos escondido em um canto do supermercado? Ou tantos outros?

Isso ocorre – é fato – com muitos produtos nos mais diversos tipos de estabelecimentos de varejo. Por terem consciência disso, muitos gerentes de marketing trabalham na busca por uma estratégia de cooperação. É o que se convencionou chamar de **sistemas verticais de marketing**, nos quais todos os envolvidos buscam o mesmo objetivo: o mercado-alvo. Nesse processo, a característica determinante é o fato de que, se não ocorrer a venda final, todos os envolvidos no fluxo serão penalizados.

São três os tipos de fluxo encontrados nos sistemas verticais de marketing: o de **canal corporativo**, o **canal administrado** e o **canal contratual**.

» **Sistema de canal corporativo**: nesse tipo de verticalização do processo de distribuição, a empresa que produz vai direto ao consumidor, utilizando-se, para isso, de sistemas de atacado e varejo próprios. Portanto, a característica fundamental é que todo o canal é de propriedade de uma única organização, que o mantém e direciona.

» **Sistema de canal administrado**: nesse processo, segundo McCarthy e Perreault Junior (1997, p. 187), "os membros, informalmente, concordam em cooperar entre si. Podem concordar em rotinizar pedidos, padronizar a contabilidade e coordenar os esforços de promoção". Ocorre, portanto, uma integração vertical, como no método anterior, mas sem que a empresa produtora precise gastar para montar canais de distribuição próprios (atacadistas e varejistas). Nessa situação, o controle é feito pela liderança e pelo poder econômico.

» **Sistema de canal contratual**: nessa circunstância, a cooperação é mantida por contratos que definem alguns procedimentos próprios de uma integração provocada pelo sistema corporativo e preserva aspectos de flexibilidade do sistema administrado. Esse é um procedimento bastante comum em redes do setor de medicamentos.

Embora os dois últimos sistemas (administrado e contratual) sejam baseados na cooperação em vez de na propriedade (como o corporativo), eles apresentam aspectos que motivam os esforços colaborativos, como:

» redução do custo de compra e venda;

» necessidade menor de investimento em estoque;
» diminuição da possibilidade de frustração do cliente, pois evita a falta de itens.

Isso ocorre porque, nessa integração vertical baseada em cooperação e contratos de colaboração, sistemas "de caixas computadorizadas rastreiam as vendas. As informações são enviadas ao computador do atacadista ou distribuidor que atende os pedidos automaticamente, quando necessários" (McCarthy; Perreault Junior, 1997, p. 187).

Agora que já vimos as possibilidades de canais de distribuição que o profissional de marketing precisa avaliar de acordo com os objetivos e condições operacionais da organização, uma pergunta surge: **como escolher o local de distribuição ou venda?**

Como escolher os locais de distribuição? Ou os locais de venda?

Em relação a esse questionamento, devemos dizer que esse é um aspecto que merece estudo cuidadoso e detalhado, como todos os demais. Afinal, todo produto deve atingir o que se chama de *exposição ideal de mercado*. **O que isso significa?**

Talvez você pense que todo produto deva receber uma exposição máxima perante seus consumidores potenciais. Mas isso não corresponde à verdade. A exposição, de acordo com o planejamento de marketing da organização, pode ser:

» **intensiva** – aqui realmente é uma exposição máxima, pois o produto deve ser vendido por todos os atacadistas e varejistas possíveis no mercado;
» **seletiva** – nesse caso, a venda fica restrita aos intermediários, que darão atenção especial, privilegiada, ao produto;
» **exclusiva** – um único intermediário para uma determinada região.

Entretanto, ao considerarmos o final desse fluxo, devemos observar os aspecto relativos ao local (localização geográfica) onde os produtos serão expostos: a praça, propriamente dita.

Se você for buscar parâmetros na leitura de McCarthy (afinal, foi ele que divulgou os 4 Ps), encontrará o seguinte: "A localização pode representar o sucesso ou o fracasso para uma operação de varejo. Entretanto, **uma boa localização depende de mercados-alvo, concorrentes e custos**" (McCarthy; Perreault Junior, 1997, p. 213, grifo nosso).

Para saber mais
Você pode ampliar seu conhecimento e seus estudo sobre esse assunto pela leitura de: McCARTHY, E. Jerome; PERREAULT JUNIOR, William D. *Marketing essencial*: uma abordagem gerencial e global. São Paulo: Atlas, 1997.

Resumindo, isso significa avaliar os aspectos concernentes a mercados-alvo, concorrentes e custos!

Esses são os fatores que orientam a escolha do local, ou seja, a praça onde é feita a distribuição do produto ou a oferta do serviço.

Os espaços onde você comunente encontra lojas são (McCarthy; Perreault Junior, 1997, p. 213):

» **os centros das cidades e os corredores comerciais** – nesses lugares ocorre uma evolução que prescinde de planejamento;
» **os centros de compras planejados** – são conjuntos de lojas organizados como uma unidade;
» **os *shopping centers* de vizinhança** – são espaços que agregam várias lojas de conveniência;
» **os *shopping centers* comunitários** – esses, além de lojas de conveniência, agregam também algumas lojas de compra comparada (loja de departamentos);
» **os *shopping centers* regionais** – são centros maiores e destacam as lojas e produtos de venda comparada.

Se você observar o seu entorno, pode encontrar contextos que exemplificam essas situações de espaços – praça – onde os produtos e serviços estão à disposição do consumidor, além de fazer suas próprias observações quanto à escolha que foi feita de determinado local.

Outros aspectos necessários para a distribuição

Além desses aspectos "orientadores" da escolha do local para distribuir produtos, outros fatores também precisam ser considerados. São eles: **estoque, transporte e cobertura**.

1. **Estoque:** Você deve ter conhecimento do que sejam períodos de inflação. Nessas épocas turbulentas para a economia, manter estoque era estratégia de proteção do capital ou forma de aumentar os ganhos, visto que a alta dos preços era, em determinada fase, diária. No entanto, na época atual (2009), tal estratégia não tem significado – a não ser para a utilização em prazos determinados, como na fabricação, até que seja reposto o estoque.

2. **Transporte:** A escolha do modal (ou modais) de transporte é fator estratégico para a organização. Você já deve ter observado que os produtos são fabricados em determinado lugar, mas a venda (quando internacional) atravessa até as fronteiras do país. Isso significa que houve um percurso, um espaço a ser percorrido até que o produto chegasse ao consumidor final. Nessas circunstâncias, **os gestores precisam se preocupar com a questão do transporte**. E a escolha deste pode ser determinada pelo volume e/ou peso, pela velocidade necessária para a entrega, pela cobertura e pelo custo praticado para o modal.

   Os principais modais de transporte são:
   > rodoviário;
   > aeroviário;
   > ferroviário;
   > marítimo;
   > hidroviário;
   > dutoviário.

Logo, você deve ter percebido que apenas planejar e executar a produção não é o suficiente. É necessário pensar nas vias de escoamento do produto antes de fabricá-lo. Esse detalhe é importante, **antes**. O *antes* significa que o escoamento faz parte do planejamento geral.

3. **Cobertura:** Como visto, quando abordamos a questão dos transportes para a distribuição de produtos, a cobertura é uma dos itens de avaliação para a escolha do modal. Ou seja: **qual a área que é (ou será) atendida pela organização?** Essa análise é imprescindível para diversas situações, como, por exemplo:
   > na formulação do preço final do produto;
   > na elaboração dos custos para as transportadoras.

Um exemplo simples é o das pizzarias. Os "disk-pizza" devem ter sua roteirização bem elaborada: qual a distância percorrida para chegar aos destinos compreendidos, ou seja, a cobertura.

Curiosidade

O céu pode estar na estrada

Nestes últimos anos, em que o caos nos aeroportos aumentou e parece não ter fim, muitos empreendedores têm optado pelo ônibus em viagens de negócios de curta e média distância. "Os ônibus estão melhores, dificilmente atrasam e, dependendo do trecho, a relação custo-benefício pode ser melhor que a do avião", diz José Luiz Paiva Mota, da Êxodus, consultoria especializada em transportes rodoviários. Em vários casos, as estradas ficaram mais cômodas. Salas VIP, conexão sem fio nos carros, lanches e jornais a bordo e venda parcelada de tíquetes pela internet são algumas das melhorias. Segundo Mota, o ônibus costuma ser vantajoso para percursos de até 500 quilômetros se não houver desconto ou tarifas econômicas oferecidas por companhias aéreas de baixo custo. "São casos em que o passageiro pode passar mais tempo no deslocamento e no aeroporto do que voando", afirma. Cansado de tomar chá-de-cadeira no aeroporto e chegar atrasado em seus compromissos na capital paulista, Roberto Alcântara, dono de uma fabricante de material odontológico de Londrina, no Paraná, resolveu experimentar a viagem de ônibus no ano passado. Desde então, virou freguês. O voo entre as duas cidades leva 1 hora e 10 minutos, mas, considerando a fila do *check-in*, a retirada de bagagem e o deslocamento até o aeroporto, a odisseia se estende para 4 horas – se não houver imprevistos. "De ônibus, levo 6 horas, mas deito e durmo a noite inteira", diz Alcântara. Para ir e voltar num ônibus leito-cama, cuja poltrona reclina totalmente, ele paga 315 reais – cerca de um terço da passagem aérea. [Exame PME/Editora Abril]

Fonte: Portal Exame, 2009.

Você pode estar se perguntando:

Por que precisamos saber sobre todos esses aspectos em uma disciplina de marketing?

O caráter multidisciplinar é o que permite a presença do profissional de marketing nas mais diversas áreas da organização, assim como a presença de profissionais de outras áreas é vital para o sucesso das estratégias de marketing. A propósito, no sexto capítulo você verá as atribuições de quem trabalha no marketing e poderá analisar se tais características são pertinentes a você.

Síntese

No planejamento de marketing, observamos que esses dois Ps do título do capítulo (praça e preço), embora externos ao produto e/ou serviço, são condições fundamentais para viabilizar a sua comercialização. Um produto pode apresentar uma qualidade excelente, mas, para chegar ao consumidor final, irá passar, necessariamente, pelos estudos e análises de preço que irão determinar sua adequação entre a necessidade e a condição de compra do público-alvo. Os canais de distribuição (locais de venda), por sua vez, também devem estar orientados e estabelecer a conexão entre as necessidades e as aspirações dos consumidores aos quais se destina aquele produto e/ou serviço. Uma etiqueta de grife não é vendida em feiras populares, por exemplo, pois por esse canal de distribuição não chegaria ao cliente do produto (aquele que paga pelo valor agregado pela grife).

Questões para revisão

Vamos ver e ler com atenção a propaganda do Cresce Nordeste, extraída do *Anuário Exame 2007-2008*, apresentada a seguir, e interligá-la com os conhecimentos discutidos até aqui.

Fonte: Anuário Exame, 2007.

1. Quando o texto da propaganda anuncia que "está em lugares", a que parte do planejamento de marketing você associa essa afirmação? Justifique sua resposta.
2. Observe a estrutura física do espaço em que o produto da propaganda está sendo ofertado. Aliás, você já identificou qual é o produto ofertado? Esse tipo de produto normalmente é vendido ou ofertado em que tipo de estabelecimento? Então, qual é o papel da banca de frutas?
3. Você identificou o espaço de cobertura dessa campanha mercadológica, a praça de divulgação? Justifique sua resposta com elementos do texto de propaganda.
4. O Cresce Nordeste é uma linha de crédito que o Banco do Nordeste está disponibilizando para seus clientes. No entanto, só é falado sobre o preço desse produto/serviço (crédito) no meio do parágrafo, em fonte menor, escondido. Sendo assim, qual o valor destacado no produto, se não é o custo em moeda? Qual aspecto enfatizado pelo marketing na propaganda acrescentaria maior valor a esse produto/serviço?

capítulo 5
promoção

Conteúdos do capítulo

- Conceituação de promoção no âmbito dos 4 Ps.
- Elementos e características da promoção.
- A promoção no contexto do planejamento.
- Análise comparativa de processos promocionais.

Após o estudo deste capítulo, você será capaz de...

- Definir a finalidade de uma promoção.
- Estabelecer objetivos e métodos para uma promoção.
- Organizar atividades de promoção.

Os divulgadores dos 4 Ps (McCarthy e Perreault Junior) definem **promoção** como "a comunicação da informação entre vendedor e comprador potencial ou outros do canal para influenciar atitudes e comportamentos" (1997, p. 230).

Nesse contexto, João de Simoni Ferracciú (2008, p. 8) faz uma importante diferenciação no que se refere ao uso das expressões *promoção, promoção de vendas* e *marketing promocional*. Para que você possa acompanhar e se atualizar no uso dos termos próprios da atividade de marketing, vamos transcrever o referido trecho. Isso não invalida o conteúdo conceitual da definição apresentada anteriormente, apenas acrescenta informações e a fundamenta.

> Usada isoladamente, a palavra promoção sempre teve no Brasil uma concepção e significado que a diferenciavam da "promoção de vendas"; referia-se ao composto mercadológico ou **composto promocional de marketing**, abrangendo dentro de si, na ótica convencional do mercado, as atividades de propaganda, vendas pessoais, a própria promoção de vendas e as relações públicas. Com a evolução do mundo dos negócios e o natural aparecimento de uma avalanche de disciplinas mercantis e de comunicação, o mercado se sofisticou, culminando na segmentação e nichos

próprios de atuação de cada categoria de atividade, e a palavra "promoção" deixou de ser usada nessa concepção abrangente. A atividade de relações públicas, pegando-se como exemplo, ganhou vida própria. Conquanto suas ações colaborassem para o processo de comunicação e, inclusive, para o de comercialização e vendas, seu campo de ação expandiu-se, voltado para o que envolve a criação de imagem favorável da empresa, entidade ou qualquer instituição ou figura jurídica. Orientada para criar e manter boa vontade a favor da marca, de produtos, serviços ou ideias, a atividade extrapolou, desvinculando-se da palavra "promoção". O mesmo aconteceu com as atividades de vendas, propaganda e a própria promoção de vendas.

Há quem, ainda hoje, costume valorizar a palavra "promoção" solta, mas ela cedeu espaço, com o advento da evolução mercantil, à "comunicação multidisciplinar" e ao "marketing promocional", a cujo complexo a promoção de vendas se integra, relacionando-se com todas as outras ferramentas e disciplinas de comunicação e vendas.

Hoje é indiferente usar a palavra "promoção" ou a expressão "promoção de vendas".

Mas não é o caso do marketing promocional. Ele é muito mais do que tudo isso [...]

Fonte: Ferracciú, 2008, grifo nosso.

Você deve ter ficado curioso! Então, **há diferença entre promoção, ou promoção de vendas, e o marketing promocional?**

Sim. Vamos esclarecer isso: "Marketing promocional é uma operação de planejamento estratégico ou tático combinando, sinérgica e sincronizadamente, as ações de promoção de vendas com uma ou mais disciplinas das outras comunicações multidisciplinares de marketing" (Ferracciú, 2008, p. 13). Você já percebeu onde está a diferença? É um tipo de marketing, e não um método de promoção.

Se você se interessa por **marketing promocional**, sugerimos que leia o livro *Marketing promocional: a evolução da promoção de vendas* (Ferracciú, 2008).

Você já foi alguma vez ao dicionário para checar o significado da palavra *promover*?

Vejamos! Vamos recorrer ao *Dicionário Houaiss de língua portuguesa* (Promover, 2001, p. 2310):

[...]

1. dar impulso a; pôr em execução

Ex.: *p. as artes*

transitivo direto e bitransitivo

2. elevar a cargo ou categoria superior.

Ex.: *promoveram-no (ao posto de almirante)*

transitivo direto

3. ser a causa de; gerar, provocar

Ex.: *<p. a alegria> <p. guerra>*

[...]

transitivo direto

4. *Rubrica: publicidade.*

fazer propaganda de; anunciar, propagandear

Ex.: *<p. um produto> <p. um artista>*

pronominal

5. *Derivação: por extensão de sentido.*

alardear seus próprios atos, atributos ou méritos; autopromover-se.

Ajudou? Ficou mais claro? Parece que o substantivo *promoção*, derivado do verbo *promover*, no caso dos 4 Ps, carrega todos esses sentidos. Impulsionar, gerar, provocar, causar, propagandear, anunciar, alardear (autopromover-se). **Você concorda?** No caso da promoção dos 4 Ps, é tudo isso em relação a **vendas**.

Se buscarmos o termo *promoção* no dicionário, ele mantém aquela significação abrangente de que fala Ferracciú no trecho transcrito anteriormente. Ou seja, promoção é ali definida como "qualquer atividade (de propaganda, marketing, divulgação, relações públicas etc.) destinada a tornar mais conhecido e prestigiado um produto, serviço, marca, ideia, pessoa ou instituição. Ex.: fazer a p. de um produto" (Promoção, 2001, p. 2310).

Na visão do marketing, promoções de vendas são as ações a curto prazo com a intenção de realizar vendas. Ou seja, são ferramentas da **promoção**, pois esta, em nossas atividades, engloba muito mais do que vendas.

Curiosidade: um exemplo de promoção

Uma nova central de mídia

A música continua sendo o conteúdo mais atrativo e procurado pelos usuários de celulares, mas novas apostas por parte dos fabricantes e operadoras começam a surgir no Brasil. O modelo de negócio geralmente é baseado em parcerias entre provedores de conteúdo e fabricantes ou operadoras de celular.

A ampliação do leque de conteúdo do embarcado nos telefones móveis segue a trilha dos bons resultados com as vendas dos celulares que já chegam aos consumidores carregados com o álbum inteiro de um determinado artista. O formato é interessante para todas as pontas da cadeia de negócios. Para os fabricantes, atrelar sua marca à de um artista renomado é um caminho para turbinar as vendas de um determinado aparelho, num mercado inundado de vários modelos. No caso das operadoras, o conteúdo de um artista campeão de vendas pode ajudar a atrair clientes e a incentivar o uso de serviços de dados. Para as grandes gravadoras, este modelo oxigena as vendas de música digital e dribla os *sites* de *download* gratuitos.

A Sony Ericsson anunciou ter alcançado a marca de 1 milhão de aparelhos com conteúdo embarcado da banda pop-rock Jota Quest. Apesar de ser um mercado ainda jovem no país, o uso do telefone celular como provedor de música já faz parte da rotina do consumidor brasileiro. A Motorola pretende investir cada vez mais na oferta de telefones com maior espaço para guardar conteúdo.

Fonte: Valor Econômico; Gazeta Mercantil; Dinheiro; Carta Capital, citados por ABMN News, 2009e.

Se você ficar atento a o que encontra nas ocasiões em que vai fazer uma compra, ou em que algo veiculado pela mídia lhe chama a atenção, poderá perceber o quanto os planejadores da área mercadológica fazem uso da ferramenta promoção. É, portanto, um P que precisa ser bastante considerado quando atuamos nessa área.

Métodos e objetivos da promoção

Mas qual o papel do profissional de marketing na promoção?

A atuação do profissional de marketing no processo de venda de um produto, de acordo com McCarthy e Perreault Junior (1997, p. 230), está relacionada a **informar** ao público-alvo que:

- o **produto certo** está disponível;
- o produto está **no preço certo**;
- o produto está **na praça certa**.

Portanto, é um trabalho no qual você, como profissional, deve utilizar todas as informações para elaborar métodos de divulgação que sejam adequados ao produto e/ou serviços em relação às necessidades e desejos do público-alvo.

Métodos

Nesse trabalho de promoção, o profissional de marketing pode optar por vários métodos:

- **venda pessoal** – comunicação direta, o principal recurso é o pessoal de vendas;
- **venda em massa** – comunicação com grande número de pessoas, os principais recursos são a propaganda e a publicidade;
- **venda promocional** – refere-se às "atividades de promoção – outras além de propaganda, publicidade e venda pessoal – que estimulam o interesse, a experimentação ou a compra por consumidores finais ou outros participantes do canal" (McCarthy; Perreault Junior, 1997, p. 231).

Estudo de caso

A venda pessoal é um método usado por muitas empresas, principalmente aquelas que trabalham com marketing de rede ou multinível, como a Avon e a Natura, as quais aliam a venda pessoal à venda promocional.

Figura 14 – Propaganda de produtos da Natura

natura diversa
───────────────

**produtos regulares natura diversa com
10% de desconto*, e a cada R$ 49,00*
em produtos da mesma linha (regulares ou refis)
ganhe 1 nécessaire exclusivo**

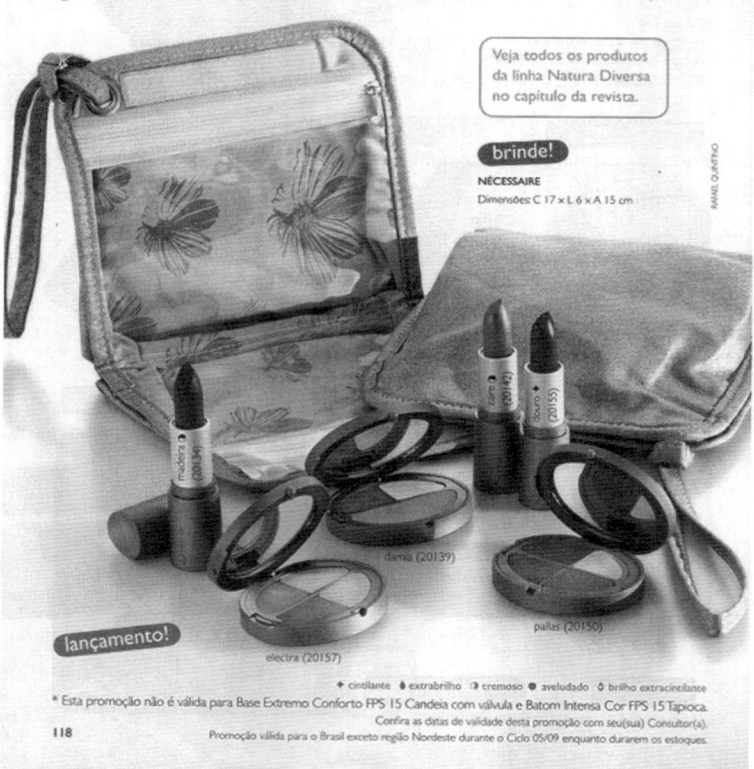

Veja todos os produtos
da linha Natura Diversa
no capítulo da revista.

brinde!
NÉCESSAIRE
Dimensões: C 17 x L 6 x A 15 cm

madeira (20134)
acero (20142)
douro (20155)
dama (20139)
lançamento!
electra (20157)
pallas (20150)

✦ cintilante ◆ extrabrilho ◐ cremoso ● aveludado ◊ brilho extracintilante
* Esta promoção não é válida para Base Extremo Conforto FPS 15 Candeia com válvula e Batom Intensa Cor FPS 15 Tapioca.
Confira as datas de validade desta promoção com seu(sua) Consultor(a).
118 Promoção válida para o Brasil exceto região Nordeste durante o Ciclo 05/09 enquanto durarem os estoques.

Imagem gentilmente cedida por Natura

Como você pôde observar nessa imagem, publicada na *Revista da Natura* (2009), a promoção está presente nos elementos **preço** e **brinde**.

Nesse processo em que pensamos, planejamos a divulgação ou a venda do produto e/ou serviço, é necessário fazer a distinção entre **propaganda** e **publicidade** e ter uma visão clara desses conceitos.

» **Propaganda**: divulgação, **mediante pagamento**, de mensagem com conteúdo informativo e persuasivo sobre ideias, bens ou serviços, com patrocinador cuja identidade é revelada e na qual seja usada a fala, a escrita, a música e/ou imagens, entre outras linguagens. Normalmente, a propaganda é veiculada pelos canais de comunicação, como TVs, jornais, revistas, folhetos, *outdoors*, internet, mala direta, entre outros. Constitui-se em uma ferramenta de venda em massa.

» **Publicidade**: é a difusão de mensagens sobre ideias, bens ou serviços sem que haja pagamento, ou seja, sem pagar os custos da mídia. É, portanto, uma **divulgação gratuita**. Constitui-se em uma ferramenta de venda em massa.

Com essas definições, podemos concluir que propaganda e publicidade não são métodos de vendas, mas **ferramentas** usadas no método de venda em massa – sendo que também a promoção de vendas é um método, assim como a venda pessoal.

Vamos retomar e resumir: venda em massa, venda pessoal e promoção de vendas chamamos de *métodos* ou *estratégias*, de acordo com McCarthy e Perreault Junior (1997, p. 230). Já propaganda e publicidade são ferramentas aplicadas nos métodos.

Objetivos da promoção

Você já pensou sobre quais são os objetivos básicos de uma promoção?

Obviamente, a finalidade é vender! Vender e obter lucro. Mas quais são os objetivos que a promoção pretende atingir para chegar a seu propósito?

As campanhas de marketing têm como proposta fundamental promover mudanças afetando o comportamento do público-alvo. No caso de uma promoção, a proposição também é essa. Ainda, recorrendo a Ferracciú (2008,

p. 9), encontramos que a "promoção de vendas prepara o caminho para a execução das vendas, dando impulso a elas". Logo, os objetivos básicos de uma promoção são:

» **Informar** – Hellmann's – 40 Calorias.

» **Persuadir** – Compre Baton!
» **Lembrar** – Não esqueça a minha Caloi!

Imagem gentilmente cedida por Caloi

Na promoção, o método que você vai adotar depende dos objetivos. Mas é sempre útil lembrar que estes só terão sucesso se houver uma comunicação eficaz.

Figura 15 – Base estrutural da promoção

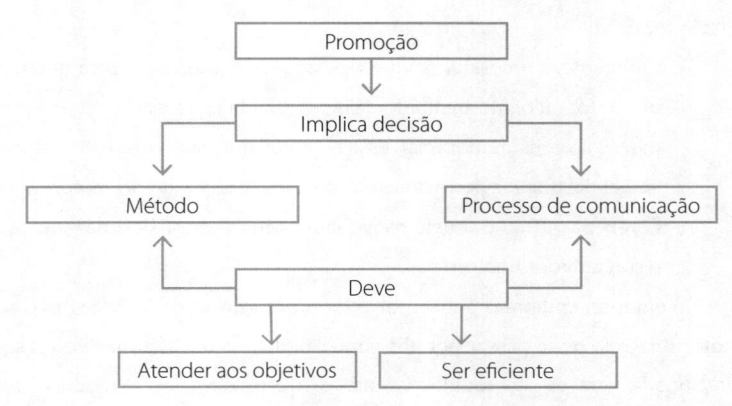

```
                    ┌──────────┐
                    │ Promoção │
                    └────┬─────┘
                         ↓
              ┌──────────────────┐
         ┌────┤  Implica decisão ├────┐
         │    └──────────────────┘    │
         ↓                            ↓
   ┌──────────┐              ┌──────────────────────┐
   │  Método  │              │ Processo de comunicação│
   └──────────┘              └──────────────────────┘
         ↑         ┌──────┐          ↑
         └─────────┤ Deve ├──────────┘
                   └──┬───┘
              ┌───────┴────────┐
              ↓                ↓
   ┌────────────────────┐  ┌──────────────┐
   │ Atender aos objetivos│  │ Ser eficiente │
   └────────────────────┘  └──────────────┘
```

Esses são os aspectos que você deve considerar sempre que for organizar ou avaliar uma promoção. Lembramos que a decisão é em relação ao método e ao processo de comunicação, sendo que aquele deve atender aos objetivos, e este deve ser eficiente na concretização dos objetivos da promoção.

Atividades de promoção

As promoções agregam um número cada vez mais variado de atividades: concursos, descontos, cupons, sorteios, bônus, amostras grátis, brindes, liquidações, ofertas, degustações, trocas, coleções, materiais de apoio a vendas, demonstrações, vales-brinde, resgates, feiras, festivais, desfiles, *workshops*, fóruns, seminários e jogos, entre tantos outros. Nas promoções, encontramos alguns elementos-chave envolvidos: **promotor**, **agente intermediário** e **receptor**.

O **promotor** pode ser pessoa ou organização a quem o planejamento de marketing tenha incumbido de implementar e aplicar todo o projeto da promoção.

O **agente intermediário** também pode ser pessoa ou organização a quem o promotor tenha designado como seu "agente de negócios, procurador ou intermediário" (Ferracciú, 2008, p. 19). Este fica encarregado – de acordo com o que tenha sido estipulado em contrato (pode ser o todo ou apenas algumas partes do projeto) – de planejar, criar, administrar, operar, implementar e divulgar as atividades promocionais.

Já na função de **receptor** temos duas categorias: o receptor **comercial** e o receptor **final**.

1. O **receptor comercial** é aquela pessoa ou organização para quem o promotor ou o intermediário delega a atividade de fazer chegar a promoção ao consumidor final. Esse receptor, normalmente, é um cliente comercial que faz parte do **canal de distribuição** do promotor.
2. O **receptor final** é aquele para quem a promoção se destina – ou seja, o consumidor final.

No entanto, embora o público-alvo da promoção seja, via de regra, o receptor final, ela pode passar por alvos intermediários ou, algumas vezes, ser direcionada para os distribuidores, embora quem deva ser atingido como resultante do processo seja o consumidor final.

Público-alvo da promoção

Nesse processo, é necessário que o planejamento de marketing defina qual será o **público-alvo da promoção**: se os intermediários ou os consumidores finais, ou ambos, ou a qual deles será dada ênfase. São métodos classificados como *push* e *pull*.

> Em inglês, o verbo *to push* significa "empurrar".

> Em inglês, o verbo *to pull* significa "puxar".

» *Push*: essa estratégia – a de **empurrar** – consiste na ênfase dada pelo produtor ao intermediário, pois cabe a este último a tarefa de promover o produto junto ao consumidor final.

» *Pull*: nesse caso, a estratégia é **puxar**. Ou seja, o produto é promovido junto ao consumidor final. O cliente chega à loja já definido pela compra de determinado produto.

Agora que você já se inteirou das estratégias (*push* e *pull*), vamos às mídias usadas nas promoções!

Mídias usadas na promoção

Outra estratégia a ser decidida no **planejamento da promoção**, dentro do *mix* de marketing (os 4 Ps de produto, preço, praça e promoção), é a que diz respeito aos canais de comunicação, à mídia que será utilizada.

Você, leitor, nesse estágio do planejamento, deve estar atento para a adequação da mídia ao público-alvo. De acordo com Stevens et al. (2004, p. 188-191), os procedimentos nesse caso são:

» observar as características do segmento de mercado a ser atingido;
» analisar as características dos consumidores;
» analisar, no caso da televisão, do rádio e de outras mídias, os dados do público atual no que se refere a horários e programas específicos;
» avaliar a frequência e o impacto dos diversos tipos de mídia;
» inteirar-se dos avanços tecnológicos e de suas novas formas de mídia;
» considerar a combinação de mídias para campanhas promocionais.

Entretanto, você deve estar se perguntando: **estamos falando de gestão de marketing ou de comunicação?**

O fato é que, no P do aspecto **promoção** do *mix* dos 4 Ps, insere-se o fator **comunicação**, contido na estratégia de marketing e, portanto, várias decisões precisam ser tomadas nesse sentido.

Para saber mais

Se você quiser se aprofundar sobre os 4 Ps no contexto do planejamento, em uma obra que faz uma interpretação bastante prática do *mix* de marketing, sugerimos a leitura completa de: STEVENS, Robert et al. *Planejamento de marketing*: guia de processos e aplicações práticas. São Paulo: Pearson Education, 2004.

Promoção no varejo

Por que abordar especificamente promoção no varejo?

É simples! Trata-se de um dos setores da economia brasileira que mais se modernizaram nas últimas décadas.

A crescente concentração em grandes redes de supermercados e hipermercados é a característica mais marcante dessa modernização do comércio varejista (Senhoras, 2003). Diante disso e com grandes grupos varejistas destacando-se no mercado, a relação de poder entre fornecedores e varejistas

---

A palavra *impacto*, na linguagem midiática, alude ao teor de qualidade da exposição de determinado meio de comunicação, sendo que a palavra *frequência* corresponde ao número de vezes que o público é exposto a uma mensagem em determinado espaço de tempo.

Este subitem foi escrito baseado na dissertação de mestrado *O efeito das marcas próprias no marketing mix varejista: um estudo multicaso sobre as organizações supermercadistas de alimentos na cidade de Curitiba e Região Metropolitana*, apresentada pelo autor na PUCPR, inclusive incluindo trechos; e no artigo *Introdução dos produtos com marcas próprias: estudo de caso em redes de supermercados na cidade de Curitiba e Região Metropolitana*, do autor e do professor Heitor Takashi Kato, apresentado no III Encontro de Marketing (EMA/2008), em Curitiba, e publicado nos Anais deste (v. 1, p. 1-16).

começa a favorecer este último (Parente, 2000, p. 16). Também, por ser voltada para o consumidor final, tornou-se um campo propício para o desenvolvimento das promoções.

Mas o que é considerado varejo, ou comércio varejista, especificamente?

Entre vários conceitos do termo *varejo*, verifica-se uma profunda similaridade, conforme as definições que encontramos entre os estudiosos da área. Nesse rol de conceitos, existe uma convergência em relação à concepção de varejo como o "conjunto de atividades desempenhadas para levar até o consumidor final produtos e serviços para uso pessoal e não comercial" (McCarthy; Perreault Junior, 1997; Etzel; Walker; Stanton, 2001; Levy; Weitz, 2000; Kotler; Keller, 2006; Parente, 2000).

A definição de varejo apresentada pela AMA, uma das mais citadas, define varejo como "uma unidade de negócios que compra mercadorias de fabricantes, atacadistas e outros distribuidores e vende diretamente a consumidores finais e eventualmente aos outros consumidores" (Las Casas, 2004, p. 17).

Para Levy e Weitz (2000, p. 34), o conceito de varejo é uma "orientação de gerenciamento, que faz o varejista enfocar a determinação das necessidades de seus mercados-alvo e a satisfação dessas necessidades, mais eficaz e eficientemente que seus concorrentes".

O varejista, conforme Levy e Weitz (2000), Parente (2000) e Churchill Junior e Peter (2000), é um negociante que vende produtos e serviços de uso pessoal ou familiar aos consumidores e que faz parte do sistema de distribuição entre o produtor e o consumidor, podendo também adicionar valor às trocas por torná-las agradáveis.

Segundo Terra (2009), a condição básica para a prática do varejo está na comercialização de produtos e serviços ao consumidor final, indiferente da natureza da organização que o exerce ou do local onde é praticado.

Um exemplo de situação varejista na qual há necessidade de adequar a prestação de serviço em relação ao crédito oferecido pelos cartões é relatado no texto a seguir.

Curiosidade

Deixado de lado

As condições de pagamento das maiores redes varejistas do mercado não são atrativo suficiente para boa parte do público. Isto porque a quantidade de cartões na carteira acaba incomodando os consumidores, que preferem usar apenas o dos bancos. Com tanta facilidade para adquirir um, a classe média está farta de cartões. De 20 consumidores entrevistados, apenas cinco pagavam as compras com cartões das lojas. Marcelo Noronha, diretor de comunicação da Associação Brasileira das Empresas de Cartão de Crédito, acredita [que] o fato se deve ao aumento dos bancos no volume de crédito para seus clientes.

Para a analista de crédito da Anglo American, Rosângela Vicente, a falta de perspectivas devido à crise faz com que ninguém queira se endividar. Então, o caminho para os cartões das lojas, segundo Luiz Fernando Biasetto, sócio da consultoria Gouvêa de Souza & MD, seria adotar bandeiras Visa e Mastercard e serem aceitos inclusive na concorrência. Para se tornarem atrativos, eles precisariam oferecer mais do que crédito, uma vez que os clientes já conseguem isso no banco.

Fonte: Valor Econômico; Gazeta Mercantil; Dinheiro; Carta Capital, citados por ABMN News, 2009a.

Levy e Weitz (2000, p. 153) acreditam que a intensidade crescente da concorrência de varejo se deve ao surgimento de novos formatos e novas tecnologias, somadas às mudanças nas necessidades dos consumidores, embora o termo *varejo* continue a remeter à imagem de uma loja (Parente, 2000). Assim, é possível afirmar que **varejista é aquele que dispõe mercadorias ao consumidor final**, seja qual for a natureza do negócio ou do local em que se realiza a troca de bens por dinheiro.

O comerciante vende, na verdade, a sua "bandeira", ou seja, sua marca e seu conceito. Esse é o fator responsável pelo seu posicionamento junto aos diversos públicos e pela imagem da empresa (Lupoli Junior, 2009). Além disso, o setor varejista tem se modernizado, aproveitando o desenvolvimento de novas tecnologias para prestar melhor atendimento, e a sua concentração tem diminuído o poder dos fabricantes.

Determinação do composto de varejo

Nesse contexto, o **composto de varejo** é a combinação de fatores que os varejistas usam para satisfazer às necessidades dos clientes e influenciar as decisões de compra (Levy; Weitz, 2000).

Embora o conceito de *mix* de marketing tenha sido desenvolvido para a indústria e se popularizado nesse setor, segundo Morgado e Gonçalves (1997, p. 62), no varejo esse conceito também é amplamente utilizado. Algumas vezes é chamado de *mix* varejista, incluindo nesse *mix* mais dois **Ps**:

- apresentação da loja ou perfil (*presentation*);
- pessoal (*people*).

Esses dois Ps são tratados por Las Casas (2004, p. 319) como:

- **dimensões**;
- **áreas de decisões**.

Para a **determinação** do composto de varejo, Levy e Weitz (2000, p. 39) indicam que os gerentes precisam **decidir** sobre:

- quanto e qual tipo de mercadorias comprar;
- quais fornecedores usar;
- quais os termos de compra;
- quais preços aplicar;
- como divulgar e promover mercadorias.

Entretanto, além dessas definições, ainda outras fazem parte das **ações do composto varejista** (Levy; Weitz, 2000, p. 40):

- a determinação do recrutamento, seleção e motivação dos vendedores;
- saber onde e como as mercadorias serão expostas;
- conhecer a natureza dos serviços e as habilidades necessárias aos vendedores.

A satisfação dos clientes é amplamente difundida e as ações desenvolvidas para o composto do marketing varejista devem sempre objetivar o processo de compra.

É de consenso que os consumidores avaliam produtos e lojas por critérios conhecidos como atributos, e que o conjunto desses atributos varia entre diferentes consumidores (Parente, 2000, p. 124). Então, como o profissional de marketing pode saber **quais critérios o seu público-alvo irá usar** para fazer a avaliação?

Os 6 Ps do *mix* varejista

O fato é que, apesar dessa variação, podemos nos orientar relacionando aos atributos do *mix* varejista características ou aspectos diversos, como as do quadro apresentado a seguir.

Quadro 4 – Exemplos de atributos para avaliação de varejistas

6 Ps do *mix* varejista	Exemplos de atributos
P – *Mix* de **Produtos**	Variedade – amplitude e profundidade. Qualidade dos produtos. Exclusividade de estilos ou de *design*.
P – **Apresentação**	*Layout*, departamentalização e planograma. Decoração e atmosfera. Comunicação visual e sinalização. Conforto.
P – **Preço**	Preço dos produtos. Benefício/custo dos produtos. Prazo e forma de pagamento.
P – **PROMOÇÃO**	Propaganda. Promoções no ponto-de-venda. Programas de fidelização.
P – **Pessoal**	Rapidez no atendimento. Interesse e cortesia no atendimento. Qualificação técnica no atendimento. Serviços oferecidos.

(continua)

(Quadro 4 – conclusão)

P – **Ponto e localização**	Proximidade.
	Facilidade de acesso.
	Complementaridade com outras lojas.

Fonte: Parente, 2000, p. 124.

Você se lembra do título deste subitem? Nós havíamos proposto uma abordagem sobre a **promoção no varejo**, e o que estamos fazendo é apresentar 6 Ps de um planejamento de *mix* de marketing para varejo. **O que isso significa?**

Significa que falarmos de modo isolado do planejamento da promoção não faz sentido, pois ela está inserida no todo do processo de varejo.

Para que isso fique mais claro, vamos apresentar uma pesquisa, feita em 2007, em três supermercados de Curitiba. É o resultado de um estudo multicaso no setor de varejo, representado pelo segmento supermercadista, por meio de um procedimento descritivo e de análises qualitativas (Andrade, 2007). Os dados desse estudo resumem o processo de aplicação dos **6 Ps** nos três supermercados, conforme a sequência de quadros (um para cada supermercado), em relação à introdução de "marca própria" nos respectivos estabelecimentos varejistas. Naquela ocasião, as ações da **promoção** foram focadas no processo de introdução da marca própria, e são tais atividades que iremos comparar.

Usaremos as denominações A, B e C para identificar os três supermercados pesquisados.

Quadro 5 – Análise do composto varejista do Supermercado A

	Componentes	Ações	Mudança na gestão	Mudança no *mix*
Produto	Características, benefícios, opções, marcas, serviços agregados, extensão.	Escolha de fornecedores, marcas, variedade de modelos, tamanhos e serviços agregados.	Escolha de fornecedores com padrão de qualidade (superior) e parceria, para evitar ruptura.	Introdução de cinco itens ao *mix*.

(continua)

(Quadro 5 – conclusão)

Ponto	Localização, área de influência, filiais, horário de funcionamento.	Definição do ponto em função da população e número ideal de filiais.	Não houve mudança.	Não houve mudança.
Preço	Descontos, crédito, política de cobrança, margens.	Definição de política de preços, e de público-alvo (posicionamento de preço).	Posicionamento entre 5% a 10% abaixo dos produtos do fabricante.	Posicionamento de produtos como "segundo" ou "terceiro" na gôndola.
PROMOÇÃO	Propaganda, publicidade, promoções, relações públicas, marketing direto.	Divulgação da loja (rede), adequação da mídia – jornal, revistas, rádio, televisão, telemarketing.	Sem padronização, ações isoladas para definição de espaços.	Pontos extras, "primeiro" produto na gôndola, espaço maior, encartes, degustação (eventuais) e brindes.
Pessoal	Perfil, atendimento, treinamento, informações, venda pessoal.	Adequação do perfil da equipe, nível de atendimento e público-alvo.	Sem alterações; não existe treinamento para a equipe.	Não existem informações ou treinamento sobre os produtos com marca própria.
Apresentação (loja)	*Layout*, atmosfera (clima, sinalização).	Adequação e apresentação da loja, conceito de loja.	Gerenciamento de espaço.	Planograma e posicionamento na gôndola.

Fonte: Andrade, 2007, p. 66.

Vejamos os dados específicos de promoção de vendas do **Supermercado A**!

Quadro 6 – Promoção de vendas do Supermercado A

Ações de promoção	Espaço exclusivo ou diferenciado
Encarte, som	Melhor localização
Encartes	Melhor localização
Encartes	Ponta de gôndola, "primeiro" produto na gôndola
Iguais às da marca do fabricante	Mesmo espaço

(continua)

(Quadro 6 – conclusão)

Iguais às da marca do fabricante	Mesmo espaço
Degustação e encarte	Posicionamento
Encarte, preço e brindes	Diferenciado
Encarte	Ponta de gôndola

Fonte: Andrade, 2007.

Sobre as ações de promoção utilizadas pela rede **A**, estas estavam pautadas principalmente nos **encartes**, que foram amplamente utilizados pelas lojas – o que não quer dizer que fossem exclusivos para as marcas próprias ou com destaques para esses produtos. As demais ações, como a degustação ou produtos fornecidos como presentes aos clientes, eram feitas por iniciativa dos gerentes, sem quantificação dos resultados ou maior frequência.

1. **Como foram valorizados os produtos da promoção** (arroz e macarrão, principalmente)?
   > Determinação de espaço maior nas gôndolas.
   > Pontos extras, ou seja, a utilização de espaços alternativos como ponta de gôndola, "primeiro" produto na gôndola e utilização da área nobre.
   > Estratégia de preços baseada nos praticados pela rede e na estabilidade econômica, com um percentual de economia de 5% a 10% para o cliente.
   > Manutenção do padrão qualidade.

Cabe ressaltar que a credibilidade depositada na marca (objeto da promoção) – tanto pelos gestores como pelos clientes – pode ser a principal razão para o sucesso da marca. Isso pode ser ampliado tanto para o número dos itens como para o volume de vendas.

Vamos agora analisar um processo idêntico realizado no **Supermercado B**!

Veremos primeiramente o quadro que resume o planejamento dos **6 Ps** para depois focarmos na promoção.

Quadro 7 – Análise do composto de marketing do Supermercado B

Componentes		Ações	Mudança na gestão	Mudança no *mix*
Produto	Características, benefícios, opções, marcas, serviços agregados, extensão.	Escolha de fornecedores, marcas, variedade de modelos, tamanhos e serviços agregados.	Escolha de fornecedores e controle de qualidade, apresentação de laudo, definição de categoria e produtos.	São 55 itens exclusivos; controle de qualidade paralelo ao da indústria.
Ponto	Localização, área de influência, filiais, horário de funcionamento.	Definição do ponto em função da população, número ideal de filiais.	Não houve mudança.	Não houve mudança.
Preço	Descontos, crédito, política de cobrança, margens.	Definição de política de preços e de público-alvo (posicionamento de preço).	Posicionado entre 5% e 10% abaixo dos produtos do fabricante, produtos com margem igual ou maior.	Posicionamento de produtos como "segundo" ou "terceiro" na gôndola.
PROMOÇÃO	Propaganda, publicidade, promoções, relações públicas, marketing direto.	Divulgação da loja (rede), adequação da mídia – jornal, revistas, rádio, televisão, telemarketing.	Ações independentes (por loja), sem padronização para divulgação.	Encarte exclusivo, ilhas, área nobre, aula de culinária, reposição de produtos.
Pessoal	Perfil, atendimento, treinamento, informações, venda pessoal.	Adequação do perfil da equipe, nível de atendimento e público-alvo.	Informações isoladas aos gerentes das lojas.	Atendimento e venda pessoal.
Apresentação (loja)	*Layout*, atmosfera (clima, sinalização).	Adequação e apresentação da loja, conceito de loja.	Gerenciamento de espaços.	Planograma e posicionamento na gôndola.

Fonte: Andrade, 2007, p. 73.

Agora relacione as informações anteriores com o quadro das promoções.

Quadro 8 – Promoção do Supermercado B

Ações de promoção	Espaço exclusivo ou diferenciado
Encarte, ponto extra e premiação (futuro)	Início de gôndola
Campanha de preço, espaço na gôndola e tabloide	Diferenciado
Encartes, ofertas, mídia	Ponto extra e melhor espaço
Encarte, degustação, aula de culinária	Área nobre, ponta de gôndola e ilha
Folheto, lâmina exclusiva e ofertas internas	Área nobre
Encarte, cartazes e melhor espaço	Melhor lugar
Encarte e divulgação interna	Área nobre
Lâmina exclusiva, inserção em encarte, degustação	Melhor posicionamento
Encarte, ofertas internas e pontos extras	Área nobre

Fonte: Andrade, 2007.

Em relação às ações de promoção, você pode observar que existem algumas que são diferenciadas e realizadas pelas lojas, como:

» aula de culinária utilizando a farinha como principal produto;
» encarte exclusivo para os produtos da marca própria;
» previsão de ações como a premiação das lojas que tenham aumento das vendas dos produtos da promoção;
» maiores espaços e espaços nobres priorizados para produtos com a marca **B** (os promocionais).

No aspecto geral, as **áreas nobres** nas **gôndolas**, *displays* e ainda os produtos nas **pontas de gôndola** proporcionaram o destaque dos produtos na área de vendas. Entretanto, as ações utilizadas para promoção das marcas próprias não possuíam padronização. Foram passadas instruções em relação à disponibilização de espaço e preços, mas o posicionamento dos produtos e pontos extras dependiam da gerência de cada loja – inclusive os *displays* foram os mesmos que os utilizados por outros produtos e sem indicação de produto ou marca da rede B.

Não existe treinamento sobre marca própria ou informações sobre os produtos com a marca da rede. Trata-se o produto da marca própria como um produto igual aos demais na gôndola, por parte dos funcionários, ou, ainda, os produtos do fabricante possuem promotores para posicionamento e reposição dos produtos, o que não ocorre com os da marca **B**.

Os gerentes dessa rede destacaram como fatores determinantes para o aumento de venda:

» maior espaço nas gôndolas;
» aumento da qualidade;
» estabilidade de preços.

Além disso, ainda fizeram observações quanto à necessidade de treinamento e/ou informações sobre o produto promocional para os funcionários das lojas.

O terceiro supermercado que cooperou com a pesquisa foi o **C**. Vamos, portanto, avaliar a situação a partir do quadro de análise e de promoção!

Quadro 9 – Análise do composto varejista do Supermercado C

	Componentes	Ações	Mudança na gestão	Mudança no *mix*
Produto	Características, benefícios, opções, marcas, serviços agregados, extensão.	Escolha de fornecedores, marcas, variedade de modelos, tamanhos e serviços agregados.	Escolha de fornecedores com histórico de relacionamento com a rede e confiabilidade.	Introdução de seis itens no *mix*.
Ponto	Localização, área de influência, filiais, horário de funcionamento.	Definição do ponto em função da população, número ideal de filiais.	Não houve mudança.	Não houve mudança.
Preço	Descontos, crédito, política de cobrança, margens.	Definição de política de preços e de público-alvo (posicionamento de preço).	Posicionado entre 5% e 10% abaixo dos produtos do fabricante; vendas acima do esperado.	Posicionamento de produtos como "segundo" ou "terceiro" na gôndola.
PROMOÇÃO	Propaganda, publicidade, promoções, relações públicas, marketing direto.	Divulgação da loja (rede), adequação da mídia – jornal, revistas, rádio, televisão, telemarketing.	Disponibilização de espaços exclusivos e diferenciados, ações independentes.	Bonificação, faixas, desconto por item, inserção nos encartes.

(continua)

(Quadro 9 – conclusão)

Pessoal	Perfil, atendimento, treinamento, informações, venda pessoal.	Adequação do perfil da equipe, nível de atendimento e público-alvo.	Sem alterações.	Não existem informações ou treinamento sobre marcas próprias.
Apresentação (loja)	*Layout*, atmosfera (clima, sinalização).	Adequação e apresentação da loja, conceito de loja.	Gerenciamento de espaços.	Disponibilização de espaço diferenciado.

Fonte: Adaptado de Morgado; Gonçalves, 1997; Las Casas, 2004.

Vamos repetir o processo dos quadros anteriores, ou seja, relacionar a análise do composto com a da promoção.

Quadro 10 – Promoção do Supermercado C

Ações de promoção	Espaço exclusivo ou diferenciado
Encarte	Ponto extra
Encarte, preço	Destaque na loja
Encarte, desconto por item e por loja, bonificação	Não, por ocasião
Encarte, faixa e divulgação na loja	Não
Encarte	Não
Encarte	Não
Encarte, destaque e ponto extra	Meio da gôndola
Ponta de gôndola, cartazes e ponto extra	Maior espaço e área nobre
Preço	Não

Fonte: Andrade, 2007.

A principal **ação de promoção** desenvolvida pela rede **C** foi o encarte, nos quais sempre estavam presentes os produtos com "marca própria" (promocionais). As demais ações citadas eram desenvolvidas pelas lojas sem um padrão estabelecido ou indicação da direção. Assim, embora tenhamos encontrado diferentes ações nas lojas – inclusive preços diferenciados para os produtos – estas eram, contudo, ações dirigidas pelos gerentes de cada loja da rede C, isoladamente.

Na maioria, as ações de promoção foram determinadas pelos gerentes das lojas. Foi constatado que são poucas as ações diferenciadas entre as três redes pesquisadas.

Observando essas análises, você pôde perceber a relação entre os 6 Ps do *mix* de marketing e os aspectos práticos do P de **promoção**.

Isoladamente, encontramos ações como:

» o **encarte exclusivo** com produtos de marcas próprias, feita pela rede B;
» a **aula de culinária**, que teve uma única indicação em uma das lojas, para promover a farinha de trigo (rede B).

Se você fizer uma leitura comparativa dos quadros precedentes, irá verificar o quê?

O que chamou a atenção foi o fato de que as ações foram basicamente as mesmas daquelas utilizadas para os demais produtos do *mix*, sem a diferenciação dos produtos com a marca da rede, os quais estavam sendo o objeto de inovação.

Por outro lado, o principal fator negativo comum aos três casos, de acordo com os gerentes consultados na pesquisa, foi a falta de treinamento do pessoal em relação aos produtos em promoção.

Síntese

Você pôde acompanhar os aspectos teóricos e práticos aqui apresentados e, certamente, ocorreram-lhe inúmeras interligações com o panorama comercial vivenciado em seu cotidiano, mesmo que anteriormente nunca tenha se interessado por mercado/mercadologia ou por estratégias de comercialização de produtos. Este **P de promoção** é um dos aspectos do composto de marketing mais visível para o público em geral.

Como profissional da área, é importante saber que a promoção é uma atividade que requer **planejamento, interligação e harmonia** com os demais

> Mestre e professor de pós-graduação da Fundação Getúlio Vargas (FGV) em São Paulo, é também membro do conselho de diversas empresas e entidades, além de articulista de jornais e revistas. Entre suas atuações, podemos citar a participação no Programa de Estudos dos Negócios do Sistema Agroindustrial (Pensa) da Faculdade de Economia, Administração e Contabilidade da Universidade de São Paulo (FEA/USP), bem como a de fundador e conselheiro da Associação Brasileira de Marketing Rural e Agronegócio; de comentarista da Rede Transamérica e Eldorado de Rádio e da TV Climatempo. Profissional premiado com o Top de Marketing da Associação dos Dirigentes de Vendas e Marketing do Brasil (ADVB), foi eleito um dos seis melhores palestrantes do país pelo Prêmio Top of Mind de Recursos Humanos.

aspectos da proposta mercadológica da organização e habilidade nas decisões sobre o processo de comunicação, tanto no que se refere às formas como aos canais de divulgação da promoção.

Como afirmamos no transcorrer do capítulo, na exemplificação prestigiamos uma pesquisa de promoção de varejo pelo fato de, nesse estágio do processo mercadológico, ocorrer a maior visibilidade das promoções, ou seja, quando o produto e/ou serviço chega ao consumidor final. Além disso, a operacionalização da promoção de varejo nos oportunizou trabalhar com os **6 Ps**, ou seja, agregamos aos **4 Ps** mais dois: *presentation* e *people* (perfil do local e pessoas).

Logo, no **composto mercadológico** contamos com seis aspectos que precisam ser pensados e devidamente estruturados pela gestão de marketing: **produto, preço, praça e promoção**, acrescidos de *people* e *presentation*.

Questões para revisão

Encontramos no *site* da Embrapa um artigo de José Luiz Tejon Megido que comenta o assunto e possibilita que você estabeleça algumas conexões com o que foi visto sobre marketing neste capítulo: os **4 Ps**, promoção, marketing internacional e agrícola, técnicas, área de abrangência e a prática específica do marketing agrícola, entre outras. **Vamos ao texto!**

R$ 100 milhões para o marketing agrícola

Foi preciso chegar à virada do século para o Brasil tomar a primeira iniciativa de gestão moderna da sua história agropecuária. O Ministro Pratini informou que o Ministério da Agricultura e do Abastecimento vai destinar, no próximo ano [2005], R$ 100 milhões de reais para a **promoção de produtos** agropecuários brasileiros no **mercado internacional**. Excelente!

Agora, **o que é marketing?** Se marketing for confundido com promoção, vamos nos dar mal. **Marketing** é um processo de administração de "valores percebidos *versus* os ativos reais". Em outras palavras, marketing é muito mais do que promoção, propaganda, embalagem, distribuição etc., é uma filosofia de administração que se fundamenta no conhecimento das mentes humanas, dos seus desejos, das suas perspectivas, necessidades, angústias, medos e forças, e envolve toda a estruturação que entrega o "valor" desejado pelo consumidor, dentro de um suporte real de ativos.

Metade dos investimentos serão destinados à fruticultura. Felizmente, a informação vem acompanhada da consciência sobre a necessidade de certificação das frutas produzidas no Brasil. Isto significará: código de ética, autorregulamentação, certificação, qualidade de origem, responsabilização, apresentação, padrão, engajamento nas práticas ambientalistas, compromissos sociais, respeito à marca e visão de longo prazo... Caso contrário, uma bela campanha publicitária só fará afundar – mais cedo ainda –, o nobre e glorioso *Titanic* das boas intenções, mas por falta de compromisso com a missão e os valores de uma obra feita para durar.

Um bom marketing começa com uma boa pesquisa. Temos a pesquisa? A Associação Brasileira de *Agribusiness* (ABAG), através do seu Instituto de Estudos do *Agribusiness*, acaba de encaminhar um projeto para a realização da primeira pesquisa sobre a imagem da marca "Brasil em *Agribusiness*" no mundo.

Esse trabalho pioneiro contará com a parceria de importantes empresas do País, interessadas no desenvolvimento técnico dos negócios do Brasil no exterior. Porém, marketing sem pesquisa é como apontar o revólver para o "umbigo" e puxar o gatilho.

Marketing exige a definição clara de segmentação, *target* e posicionamento dos produtos e serviços, para sua eficiência. Frutas do Brasil, selecionadas e tropicais, por exemplo, já é alguma coisa, porém muito pouco, perto de um planejamento sério e profissional que precisa ser feito para competirmos com concorrentes diretos e indiretos de grande peso.

Qual o único lugar que podemos ocupar na mente de segmentos de consumidores do Primeiro Mundo, e que é inesquecivelmente associável a Brasil? Marketing exige a administração "ferramental" dos 4 Ps: produto, preço, promoção e ponto-de-venda.

> Um bom marketing precisa ser muito bem implementado, a maioria dos planos falha por falta de persistência e obstinação, além de ser controlado, mensurado e continuamente monitorado, nas suas forças e fraquezas. Feliz notícia! Verbas para marketing. Que Deus e o sr. Ministro não permitam que isso seja confundido com propaganda ou promoção – isoladamente. Porém, antes tarde do que nunca!

Fonte: Megido, 2004, grifo nosso.

1. Qual a confusão que Megido teme na destinação da verba para o marketing agrícola, anunciada na data de publicação desse texto (7 de dezembro de 2004)? É justificável a preocupação? Explique.
2. Em qual trecho do artigo o autor fala de marketing societal? Transcreva o trecho onde são descritas as características desse tipo de marketing.
3. Quando o autor diz no texto que "caso contrário, uma bela campanha publicitária só fará afundar [...] o nobre e glorioso *Titanic* das boas intenções" (Megido, 2004), o que ele realmente está responsabilizando pelo fracasso da campanha?
4. Lemos no artigo que "marketing exige a administração 'ferramental' dos 4 Ps: produto, preço, promoção e ponto-de-venda" (Megido, 2004). Você lembra quantos foram os Ps vistos no *mix* de promoção para varejo? Faça um breve resumo sobre todos eles.
5. Agora que você já está fundamentado sobre marketing e promoção, pesquise (em seu bairro ou em sua cidade) e localize uma campanha promocional em algum estabelecimento comercial. Utilize os quadros-resumo que foram empregados nos exemplos de supermercados pesquisados neste capítulo e os preencha com os dados de sua pesquisa (se você preferir, pode pesquisar um estabelecimento apenas).

capítulo 6
o plano e o profissional de marketing

Conteúdos do capítulo
- Elementos estruturais de um plano de marketing.
- Áreas de atuação dos profissionais de marketing.
- Habilidades e características dos profissionais de marketing.

Após o estudo deste capítulo, você será capaz de...
- Elaborar um plano de marketing.
- Identificar as características do profissional de marketing.
- Localizar as áreas de atuação dos profissionais de marketing.

No transcorrer dos capítulos anteriores, abordamos e analisamos conceitos e práticas do marketing que nos permitem identificar o espaço que ele ocupa nas organizações e a sua área efetiva de atuação. São **conhecimentos e ferramentas** utilizados para subsidiarem tomadas de decisão, bem como para estabelecerem estratégias de atuação.

E agora? O que fazemos?

Toda ação em uma organização necessita de um planejamento. Logo, o estudo de todos esses aspectos para sua efetiva operacionalização precisa de um **plano de marketing**.

Como elaborar um plano de marketing?

Assim como qualquer outro planejamento, o desenvolvimento de um plano de marketing requer etapas sucessivas em sua elaboração. Na sua configuração, devemos considerar, por exemplo:

- o **orçamento** que a organização disponibiliza para o marketing;
- a **missão**, os **objetivos**, as **metas** e os **valores** da empresa.

Portanto, você deve analisar e avaliar minuciosamente esses aspectos e, obviamente, manter a harmonia entre eles.

> **Para saber mais**
>
> Sobre a temática missão, objetivos e valores da empresa, sugerimos uma leitura bastante útil, inclusive com um interessante estudo sobre modelos de análises de negócios (CVP e Matriz BCG): SERTEK, Paulo; GUINDANI, Roberto Ari; MARTINS, Tomás S. *Administração e planejamento estratégico.* 2. ed. Curitiba: Ibpex, 2009.

Orçamento de um plano de marketing

No que se refere ao orçamento, a decisão pode ser uma das seguintes:

» **percentual sobre as vendas** – significa que os valores do orçamento são definidos a partir da aplicação de uma porcentagem fixa sobre as vendas passadas e sobre as previstas para o futuro; nessas condições, o problema está no fato de o orçamento ficar normalmente atrelado ao fator vendas e não considerar as demais variantes de um planejamento;

» **utilizar os fundos disponíveis** ("gastar tudo o que for possível") – nesse caso, os valores do orçamento são determinados pelos fundos disponíveis para a organização, o que pode levar a empresa a gastar um valor insuficiente para os seus objetivo ou, então, em demasia (ou seja, um valor desnecessário);

» **determinação por objetivo a ser atingido** – a chamada *abordagem build-up* (de baixo para cima) apresenta-se como a mais precisa, embora mais trabalhosa. Os valores são determinados tendo por base a definição clara dos objetivos e o cálculo sistemático dos gastos necessários para atingi-los.

Assim, com esses elementos de análise devidamente avaliados, você poderá tomar a decisão que melhor atenda às necessidades da organização para a qual esteja elaborando um planejamento.

Etapas de elaboração e implantação de um plano de marketing

Nesse processo, podemos dizer que, primeiramente, é imprescindível diagnosticar a situação. Depois, devemos estabelecer objetivos e estratégias e, em seguida, organizar e ativar monitoramento e controle, assim como fazer a atualização do plano sempre que for necessário.

Figura 16 – Etapas de elaboração e implantação de um plano de marketing

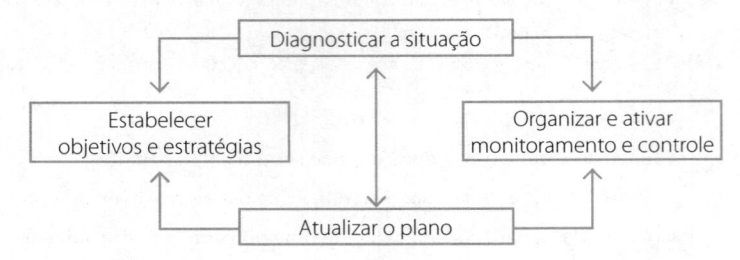

```
           ┌─── Diagnosticar a situação ───┐
           │              ↑                │
           ↓                               ↓
  ┌─────────────────┐           ┌──────────────────────┐
  │   Estabelecer   │           │  Organizar e ativar  │
  │objetivos e      │           │monitoramento e       │
  │estratégias      │           │controle              │
  └─────────────────┘           └──────────────────────┘
           ↑                               ↑
           └─────── Atualizar o plano ─────┘
```

Veja que os dois pontos que fazem girar o eixo do processo estão fixos no **diagnóstico da situação** e na **atualização do plano**.

Diagnóstico da situação

O **diagnóstico da situação** envolve uma série de análises em relação a aspectos internos e externos da organização, os quais são identificados como: de **mercado** (segmentação e público-alvo), da **concorrência** e da **empresa**. E é sobre eles que falaremos na sequência.

Aspectos do mercado consumidor potencial

Você deve verificar qual a **segmentação** de mercado que a sua empresa pretende atingir (e mesmo se pretende segmentar) com o produto em foco e como você chegou a essa conclusão sobre mercado potencial, ou sobre a oportunidade de mercado, para o produto e/ou serviço para o qual você está fazendo o planejamento de marketing. Além disso, deve analisar também quais são os canais de distribuição que a empresa pode dispor e em que condições eles operam em relação a preços, prazos, quantidades, promoções, entre outros detalhes operacionais.

Aliás, conforme enfatizam Stevens et al. (2004, p. 16), o processo "inicia-se com uma análise detalhada dos clientes e de seu ambiente operacional antes de dedicar qualquer atenção aos objetivos a serem atingidos ou às estratégias que são necessárias". Isso lembra o quanto é fundamental a análise de aspectos relacionados ao **público-alvo**, ou seja, os comportamentos de consumo e de compra. Algumas perguntas objetivas feitas durante o diagnóstico ajudam a traçar esse perfil, entre elas:

» Para quem é destinado o produto?
» Qual a necessidade desse tipo de produto no mercado?
» Onde esse produto é consumido? Quando? Quanto?
» Quais são as motivações para o consumo do produto?

O interessante é que você continue questionando. Quanto mais específicos forem seus questionamentos, mais possibilidades você terá de traçar um mapeamento da situação.

Por exemplo, se você vai fazer um plano de marketing cujo produto seja um fogão, **quantas perguntas específicas você pode fazer em relação a quem utiliza o fogão?** Já pensou? Cor, tamanho, benefícios desejados do produto, e tantas outras. E sobre um carro? Será destinado aos clientes do sexo feminino ou masculino? Para pessoas jovens ou em idade madura? Para conservadores, esportivos ou práticos?

Essas são algumas perguntas e, dependendo do produto ou serviço, elas irão variar. O fato é que o questionamento é necessário para estabelecer uma visão clara do mercado consumidor potencial.

Aspectos da empresa

As condições da empresa é que irão determinar de fato as possibilidades de um plano de marketing. Portanto, sua análise é fundamental e deve haver um estudo criterioso sobre fatores que envolvem questões como:

» Qual é a quantidade vendida? Como foi a evolução do processo de vendas?

- » Qual fração de mercado a empresa conquistou? Como foi a trajetória evolutiva desse domínio?
- » Qual é o posicionamento da empresa em relação ao consumidor?
- » Quais as políticas de *mix* de marketing que a empresa adota? Quais poderiam ser modificadas?
- » A marca da empresa é reconhecida pelo consumidor? Quanto?
- » Qual a dimensão do fator investimento no marketing?
- » Quais os recursos humanos e técnicos com os quais o marketing poderá contar para a implantação do plano?

Novamente surgem os questionamentos. Para analisarmos algo, é necessário buscar informações, embora, muitas vezes, possa parecer que você já sabe tudo sobre o assunto (ou fato) e não precisa de mais informações. Esse posicionamento de "já sei" poderá ser o seu maior inimigo ao fazer uma análise para planejar o marketing.

Aspectos da concorrência

A concorrência é um fator a ser observado com toda a atenção. Nesse quesito, que podemos inserir na análise de fatores externos, você precisa **levantar e avaliar dados** sobre:

- » a **identificação dos principais concorrentes**, ou seja, aqueles que atuam na mesma fatia de mercado da empresa para a qual você está elaborando o plano;
- » a **proporção do mercado** que foi alcançada pela concorrência e o grau de reconhecimento que as marcas dessas empresas conquistaram;
- » a **percentagem** do segmento de mercado em foco que já é **controlada** por sua empresa.

A análise de todos esses fatores envolvidos nas questões referentes a mercado, público-alvo, situação da concorrência e condições da empresa fornecem os subsídios necessários para estabelecer os objetivos e estratégias do plano.

Estabelecer objetivos e estratégias

Nesse momento da elaboração do plano, é necessário retomar as concepções estudadas no primeiro e no segundo capítulo. A empresa expressará, por meio de seu plano, sua concepção sobre o que é e qual é o objetivo do marketing. Também servirão de direcionamento, como vimos anteriormente, os valores da empresa ou sua filosofia de atuação.

Assim, se a empresa concluiu que o marketing é uma **atividade** com a **função** de atender às necessidades do cliente e baseada em uma **gestão** de responsabilidade socioambiental, sem esquecer a sua função básica (que é gerar **lucro** para a empresa), logo o plano de marketing deverá espelhar essa condição.

Mas **como organizar** isso? Como estabelecer a operacionalização do plano?

Nesse contexto, **são quatro as formas básicas** que temos para optar ao organizarmos as atividades de marketing (Stevens et al., 2004, p. 18):

» **por função** – nesse caso as atividades são estabelecidas pelas respectivas funções (por exemplo, vendas, promoção, pesquisas, entre outras);
» **por orientação voltada para o mercado** – isso ocorre quando a finalidade é atrair diferentes mercados, como o caso de empresas com linhas de produtos homogêneas ou similares;
» **por orientação voltada para o produto** – é usada no caso de uma empresa que tenha vários produtos diferenciados;
» **por combinação de orientação voltada para o mercado e para o produto** – é adotada quando as estruturas do produto ou mercado são complexas, mas só é recomendável se as outras alternativas forem de fato ineficientes, pois esse sistema é de difícil orientação e aplicação.

No entanto, você deve estar se perguntando: Qual o parâmetro que devo utilizar para **saber qual plano é mais adequado?** Voltamos a enfatizar que é a partir da **definição** objetiva **dos propósitos e da missão** da empresa que poderemos estabelecer um plano prático com possibilidades reais de sucesso. Sendo assim, o fator que estabelece o alinhamento entre o marketing, a empresa e os envolvidos (internos e externos) é justamente o **propósito da empresa**.

Como definimos os objetivos do plano?

Os objetivos do plano de marketing, sempre alinhados ao propósito da empresa, devem ser claros e específicos. Devem ser iniciados por um verbo, pois correspondem a uma ação a ser realizada.

Estudo de caso

Vamos imaginar que uma empresa de refrigerantes queira aumentar as suas vendas. Como poderia definir o objetivo e a meta? Uma alternativa pode ser a seguinte:

» Aumentar o volume de vendas (objetivo) em 10% no prazo de seis meses (meta), nas capitais brasileiras da Região Sudeste entre o público jovem.

Portanto, temos o exemplo de um objetivo bem específico, mensurável.

Aumentar **o quê**? O volume de vendas.
Em **quanto**? 10%.
Em **que período** de tempo? Em seis meses.
Onde? Nas capitais da Região Sudeste.
Qual é o **público-alvo**? Jovens.

Veja! Estamos utilizando processos próprios de qualquer planejamento, pois definimos algo que pode ser **quantificável** e **controlável** – no sentido de possibilitar a avaliação dos resultados desejados, se estes foram ou não atingidos no tempo estabelecido.

Além disso, como já vimos, o objetivo precisa ser **realista** (possível de ser alcançado) e **ambicioso**.

Aqui estamos trabalhando no nível das hipóteses, pois se trata de um exemplo virtual. Entretanto, se esse fosse o objetivo de sua empresa na vida real, você deveria verificar, antes de traçar o objetivo de 10% no aumento das vendas, se isso é algo viável, para não criar um clima de frustração e insatisfação entre os colaboradores.

Figura 17 – Elementos caracterizadores dos objetivos

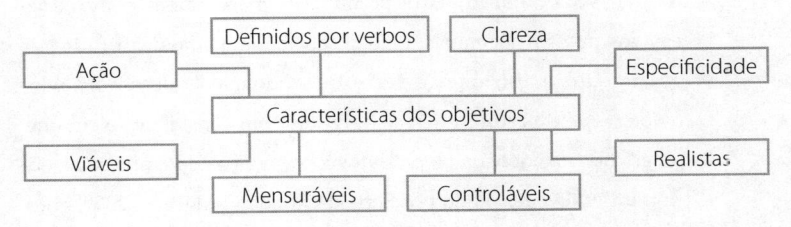

```
                    Definidos por verbos    Clareza
     Ação                                                    Especificidade
                     Características dos objetivos
     Viáveis                                                 Realistas
                    Mensuráveis      Controláveis
```

Portanto, os objetivos devem agregar todas essas características em sua formulação e prática, isto é, devem expressar ações definidas por verbos com clareza, especificando-as. E o que é mais importante: essas ações devem ser viáveis, mensuráveis, controláveis e realistas.

Qual processo devemos seguir para estabelecer as estratégias?

É um processo de desenvolvimento contínuo, no qual você deve considerar todas as análises e direcionamentos já vistos (as análises da situação e os objetivos).

> Você deve lembrar que as ações feitas até agora permitiram um diagnóstico da empresa e de sua situação no mercado, bem como foi possível estabelecer os objetivos e as metas com base nos propósitos da empresa.

Nessa etapa, precisamos de uma análise mais detalhada dos produtos, dos negócios e da posição que a empresa ocupa. Isso deve estar interligado a três focos – público-alvo, mercado e posicionamento –, para, finalmente, podermos estabelecer as estratégias.

Nessa tarefa, você pode usar modelos de análise de negócios, como descrevem Sertek, Guindani e Martins (2009):"Os modelos mais utilizados pelos estrategistas para realizar esse tipo de análise são: ciclo de vida do produto [CVP], análise da matriz produto-mercado, abordagem de portfólio (Matriz BCG) e análise SWOT (ameaças e oportunidades, fraquezas e forças)".

> Se você acessar o link <http://www.unimep.br/phpg/mostraacademica/anais/4mostra/pdfs/191.pdf>, encontrará um estudo de aplicação da matriz BCG, cujo título é: *A Matriz Boston Consulting Group (BCG) no planejamento de marketing em uma universidade privada*. Muito interessante!

Ao formular as estratégias específicas de um plano de marketing, consideramos bastante oportuno o uso do ciclo de vida do produto (CVP) e da abordagem de portfólio (Matriz BCG).

1. **Ciclo de vida do produto**: os produtos e serviços, assim como os seres vivos, passam por etapas, as quais são denominadas de **introdução, crescimento, maturidade e declínio**, sendo que "o desenvolvimento de **estratégias competitivas** deve levar em consideração em que estágio do ciclo de vida os produtos e os serviços da empresa se encontram" (Oliveira, citado por Sertek; Guindani; Martins, 2009, grifo nosso).

2. **Matriz de crescimento/participação** ou **Matriz BCG**: o processo aqui é de avaliação do negócio em relação ao mercado e às condições estruturais da empresa. Trata-se de uma matriz de dupla entrada, ou seja, com a **dimensão crescimento de mercado** e com a **variável participação relativa de mercado**, que pode ser da empresa ou de apenas uma unidade de negócio (Sertek; Guindani; Martins, 2009). Dessa maneira, você consegue visualizar as condições da empresa em relação ao mercado e aos principais concorrentes.

Para saber mais

Você pode acessar, na internet, um estudo de aplicação da matriz BCG muito interessante: PEREIRA, Silvia M. M. *A Matriz Boston Consulting Group (BCG) no planejamento de marketing em uma universidade privada*. Disponível em: <http://www.unimep.br/phpg/mostraacademica/anais/4mostra/pdfs/191.pdf>. Acesso em: 13 nov. 2009.

Quando falamos em posicionamento, devemos lembrar que as empresas, de modo geral, posicionam-se estrategicamente em razão das necessidades dos consumidores e de suas próprias dimensões. Isso normalmente corresponde a uma destas **quatro alternativas** de orientação de suas atividades mercadológicas: **penetração, diversificação, especialização e expansão**.

Afinal, **o que quer dizer posicionamento estratégico?** De maneira simplificada, significa o direcionamento das atitudes da empresa perante o mercado.

Vamos detalhar essa questão! Confira a seguir.

» **Penetração**: a ação, nesse caso, é expressa pelo verbo *penetrar*, no sentido de **infiltrar-se em, transpor, entrar**. É, portanto, uma atitude voltada para a conquista de mercado da concorrência em um ambiente mercantil limitado.

» **Diversificação**: a ação é **diversificar**, no sentido de **variar**. Logo, a atitude da empresa estabelece uma orientação expansionista pela criação de novos produtos ou serviços voltados para a satisfação de necessidades dos clientes para os quais ela já disponibiliza produtos similares – os chamados *produtos substitutos*. É a tendência predominante nos mercados contemporâneos.

» **Especialização**: a ação é **especializar-se**, no sentido de diminuir seu campo de variabilidade e, em contrapartida, aumentar a especificidade com que trata seu produto ou serviço para aprimorá-lo. Essa atitude em busca da excelência na qualidade também atinge os canais de distribuição. Geralmente, as empresas que assumem essa postura visualizam um mercado futuro limitado.

» **Expansão**: nesse posicionamento, a ação determinante é **expandir**, no sentido de **difundir, espalhar**. Quando uma empresa assume essa postura, ela está apostando em um mercado futuro de crescimento, no qual há espaço para novos mercados e novos produtos ou serviços.

Além de detalhar a postura estratégica, o termo *posicionamento* também é usado para significar a imagem que a organização pretende manter perante o mercado, o diferencial que marca a sua identidade – ou a de um produto ou serviço –, como: qualidade, preço, responsabilidade socioambiental (engajamento ecológico, cultural e social), entre outros aspectos.

Fundamentado nessas análises, estudos e métodos para avaliar tanto o mercado quanto a condição da empresa, você terá condições de tomar decisões em relação às estratégias que irá usar no plano.

Decisões em relação ao direcionamento e execução do plano de marketing

As decisões que o gestor de marketing e sua equipe precisam tomar, ao elaborar um plano, não são apenas em relação às estratégias. Elas estão presentes em todo o processo. Por isso, vamos listar uma sequência de decisões que são necessárias antes, durante e depois do planejamento.

Decisões sobre:

» quem é o público-alvo;
» qual o papel do público-alvo – se são decisores ou influenciadores das compras;
» a qual produto o consumidor deverá renunciar – se da própria empresa (em processos de "canibalização" ou de produtos substitutos de outras categorias) ou se de empresa concorrente;
» como a empresa irá se distinguir, se diferenciar da concorrência e produzir sua identidade perante o cliente – pelo preço, pela qualidade, pela identificação com propósitos sociais, culturais, ou outros;
» quais os elementos que irão compor o *mix* de marketing (produto, praça, promoção e preço);
» quais os valores a serem gastos nas diversas atividades do plano, cotização esta feita pelo processo de orçamentos;
» atividades e mecanismos de controle do plano, pois estes são fundamentais para verificar se a implementação do plano está sendo eficiente e o que é necessário modificar;
» ajustes e/ou alterações que se mostrarem necessários durante a execução do plano.

Portanto, agora já podemos resumir o processo de elaboração de um plano de marketing. Seus principais passos são:

1º – analisar a situação, considerando a empresa, o produto e/ou serviço, o segmento de mercado, o público-alvo e a concorrência;

2º – alinhar os objetivos aos propósitos da empresa;

3º – estabelecer estratégias para a efetiva realização dos objetivos;

4º – decidir o direcionamento de todos os detalhes do plano com base nas análises e nos objetivos;

5º – criar mecanismos para a avaliação da execução e da eficácia do plano, bem como sistemas de ajustes para a sua atualização e/ou modificação.

Dessa forma, você poderá trabalhar no processo de continuidade que esse processo requer e elaborar um plano cuja eficácia seja comprovada.

O profissional de marketing e suas funções

Parafraseando Fisk (2008b), mas também acrescentando nossa vivência e observação, concluímos que cabe ao profissional de marketing, neste novo milênio, um papel de grande responsabilidade no processo de condução dos negócios das empresas. Se o marketing precisa se ajustar às prioridades dos negócios, produzindo valores e benefícios superlativos para clientes e acionistas, as organizações também precisam também abrir espaço para que os profissionais dessa área adotem um papel inovador nas organizações, ou seja, novos comportamentos e novas habilidades.

Ao se referir ao novo papel dos profissionais de marketing, Fisk estabelece uma gradação que consiste em três condições para que estes respondam com eficiência às necessidades que se apresentam no mercado competitivo do século XXI. São elas (Fisk, 2008b, p. 309):

» **Campeões do consumidor** – *baseados no insight do marketing sobre as reais necessidades e preocupações dos clientes, sejam estes consumidores ou intermediários, com garantia de que as promessas da marca se tornem realidade eficiente e atraente.*

» **Inovadores do negócio** – *com o aproveitamento das melhores oportunidades para inovar em todo o negócio, com uma visão clara, com uma criatividade radical para transformar as melhores ideias em produtos e serviços com distinção.*

» **Motivadores de crescimento** – *com a condução do negócio a um patamar de crescimento rentável, baseada na garantia de que o negócio esteja focado nas melhores oportunidades para gerar, acelerar e sustentar fluxos de caixa futuros, e com isso assegurar aos acionistas um retorno superior.*

Essas são premissas de sustentabilidade, para que os profissionais da área de marketing assumam o desafio e a responsabilidade pelo sucesso do negócio. Essa tomada de posição permite que visualizemos a situação em que as organizações buscam, nesses profissionais, os seus futuros CEOs, e não apenas gerentes e pessoal da equipe de divulgação da marca e/ou produtos e serviços e de promoção de vendas.

Ainda assim, a importância do profissional de marketing nas organizações e para a sociedade é, sem sombra de dúvida, imprescindível. Pense em um mundo sem esses profissionais ou sem as suas ações. Que mundo sem graça, você concorda?

Para saber mais

Sobre o papel do profissional de marketing, sugerimos a leitura do livro *O gênio do marketing*, de Peter Fisk. Na obra, o autor faz um roteiro estratégico de informações que vão permitir que você faça uma avaliação de seu perfil e se prepare para exercer a profissão: FISK, Peter. *O gênio do marketing*. Porto Alegre: Artmed, 2008.

É claro que, guardadas as proporções do corporativismo, a função desempenhada pelo profissional de marketing poderá ser de grande valia para a organização, independente de estar alocado em uma gerência de marketing, por exemplo, ou em qualquer outra. O conhecimento de estratégias em relação ao composto de marketing (ou seja, sobre estratégias para produto/serviço, preço, praça e promoção) já justificaria a participação desses profissionais, pois a visão de determinado problema pode ter a solução a partir do olhar de equipes multidisciplinares.

A capacidade desses profissionais é determinada a partir da formação e da experiência, assim como de muita leitura, entre outras, sobre história, geografia, economia e atualidades (o que também é preponderante para muitas profissões). Aliás, conhecimentos sobre os hábitos de compra, consumo e fatores que afetam esses costumes fazem parte do dia a dia desse profissional.

A seguir, conheceremos um pouco mais sobre as funções desse profissional e veremos como está configurada a atividade sob os aspectos da legislação brasileira, para, então, conhecermos um pouco mais sobre a Classificação Brasileira de Ocupações (CBO) e sobre o profissional de marketing (Brasil, 2009b).

> A CBO é o documento que reconhece, nomeia e codifica os títulos e descreve as características das ocupações do mercado de trabalho brasileiro. Sua atualização e modernização se devem às profundas mudanças ocorridas no cenário cultural, econômico e social do país nos últimos anos, implicando alterações estruturais no mercado de trabalho.

Para consultar o *site* do Ministério do Trabalho e Emprego que trata da CBO, acesse: <http://www.mtecbo.gov.br>.

Aproveite e faça uma visita ao *site* do Ministério do Trabalho e Emprego e tenha uma visão completa das possibilidades de atividades do profissional de marketing.

O conteúdo exposto a seguir reproduz informações presentes no *site* da Classificação Brasileira de Ocupações (Brasil, 2009b).

Descrição das funções

Como já comentamos, utilizaremos a descrição da Classificação Brasileira de Ocupações (CBO), disponível no *site* do Ministério do Trabalho e Emprego (Brasil, 2009b) para descrever as funções do profissional de marketing.

1. **Analista de marketing**

Analista de pesquisa de mercado – analista de estudos de mercado; analista de informações de mercado; analista de inteligência de mercado; analista de marketing; assistente de gerente de pesquisa de mercado.

Esses analistas estruturam estratégias de projeto; pesquisam o quadro econômico, político, social e cultural; analisam o mercado; desenvolvem propaganda e promoções; implantam ações de relações públicas e assessoria de imprensa; vendem produtos, serviços e conceitos. No desenvolvimento das atividades, é mobilizado um conjunto de capacidades comunicativas. **Veja mais informações nos quadros a seguir!**

Condições gerais de exercício

Exercem suas atividades em empresas de qualquer setor de atividade econômica, como indústria, comércio, prestação de serviços, agropecuária e administração pública. Atuam majoritariamente como autônomos ou associados a agências de publicidade e a institutos de pesquisa de mercado. Trabalham em período diurno, sem supervisão. Em algumas atividades, podem trabalhar sob pressão, o que pode ocasionar estresse.

Formação e experiência

Para o exercício dessas ocupações, requer-se curso superior ou pós-graduação em Relações Públicas e áreas correlatas. O pleno exercício das atividades ocorre após um ou dois anos de experiência. É desejável o domínio de línguas estrangeiras.

A – Estruturar estratégia de projeto

1	Definir necessidades do cliente
2	Acordar *briefing* com cliente
3	Acordar *briefing* com fornecedores internos e externos
4	Delinear diretrizes do projeto
5	Traçar estratégia de comunicação, produto, preço, distribuição e promoção
6	Preparar cronograma
7	Planejar mídia do projeto
8	Fazer previsão orçamentária
9	Preparar apresentação do projeto para cliente
10	Acompanhar execução do projeto

B – Pesquisar quadro econômico, político, social e cultural

1	Pesquisar mercado consumidor
2	Determinar critérios de levantamento de dados
3	Levantar dados secundários (estatísticos e informativos)
4	Mensurar tamanho do mercado geográfico e econômico
5	Elaborar instrumentos de coleta de dados
6	Coletar dados primários
7	Executar pesquisa qualitativa
8	Executar pesquisa quantitativa
9	Conduzir a realização de pesquisas

10	Tabular dados
11	Identificar hábitos do mercado consumidor
12	Mensurar receptividade e demanda do mercado consumidor
13	Identificar fatores que afetam o mercado
14	Identificar público-alvo

C – Analisar mercado	
1	Definir produto, serviço e conceito
2	Escolher *target* (público-alvo definido)
3	Analisar necessidade de pesquisa de mercado
4	Detectar tendências de mercado
5	Elaborar relatório sobre demanda de mercado
6	Analisar perfil do público-alvo
7	Analisar concorrência
8	Indicar pontos fortes e fracos do produto no mercado
9	Apontar novos nichos de mercado ou produtos
10	Aferir resultados em relação aos objetivos estabelecidos

D – Desenvolver propaganda e promoções	
1	Contratar serviços de publicidade
2	Desenvolver campanhas promocionais
3	Criar anúncios para mídia impressa
4	Criar anúncios para mídia eletrônica
5	Criar folhetos e mala direta
6	Criar *banners* e *hot sites* para internet
7	Criar *outdoor*
8	Criar demais peças publicitárias
9	Criar ações de *merchandising*
10	Sugerir imagens para os textos criados
11	Contribuir na concepção do *layout* da campanha
12	Rever processo criativo desenvolvido
13	Contatar fornecedores, cliente, jornalista e mídia
14	Informar fornecedores sobre novos produtos
15	Comprar espaço na mídia

E – Implantar ações de relações públicas e assessoria de imprensa	
1	Treinar porta-vozes para relacionamento com imprensa
2	Checar informações para divulgação
3	Criar *press release*, artigos, notas, comunicados, sugestão de pauta, jornal interno etc.
4	Promover intercâmbios com entidades técnicas, órgãos governamentais e empresas
5	Representar empresa e cliente em negociações com a imprensa
6	Efetuar campanha institucional
7	Organizar eventos internos e externos (expositores, concursos, programas de visitas, recepções, coletivas de imprensa etc.)
8	Selecionar arquivos, relatórios, artigos, fotografias etc.
9	Divulgar material para imprensa
10	Rastrear noticiário sobre a empresa
11	Produzir relatório de visibilidade da empresa na imprensa
12	Formular política de administração de crise
13	Prestar esclarecimentos ao público com aval da presidência

F – Vender produtos, serviços e conceitos	
1	Apresentar projeto para cliente
2	Realizar negociações técnico-comerciais
3	Ajustar o projeto ao pedido do cliente
4	Submeter projeto à aprovação do cliente
5	Solucionar problemas de pós-venda

G – Comunicar-se	
1	Falar em público
2	Saber ouvir
3	Redigir documentos/peças e comunicados
4	Dialogar com outros profissionais
5	Dialogar com cliente
6	Adaptar linguagem ao público

Competências pessoais	
1	Trabalhar em equipe
2	Revelar dinamismo
3	Mostrar proatividade
4	Administrar o tempo
5	Demonstrar criatividade
6	Evidenciar autocontrole
7	Revelar percepção
8	Agir com ética profissional
9	Interpretar expectativas do cliente
10	Utilizar senso crítico
11	Explicitar poder de convencimento
12	Atualizar-se profissionalmente

2. **Diretor de marketing**

Diretor de marketing – Superintendente de marketing; vice-presidente de marketing.

Atuam na definição do planejamento estratégico da empresa; definem e executam planos de marketing e vendas; gerenciam a qualidade da venda. Participam da definição de políticas de recursos humanos. Comunicam-se primordialmente para disseminar ao público informações de interesse da empresa.

Condições gerais de exercício
Exercem funções de direção comercial e de marketing em empresas das mais diversas atividades econômicas, geralmente de médio e grande portes. São assalariados, com carteira assinada; atuam de forma cooperativa, sem supervisão, em ambientes fechados e em período diurno. Podem trabalhar sob pressão, levando-os à situação de estresse.

Formação e experiência
Para o exercício dessas ocupações, requer-se ensino superior completo. O exercício pleno das atividades profissionais ocorre entre quatro e cinco anos de experiência na área. A(s) ocupação(ões) elencada(s) nesta família ocupacional demandam formação profissional para efeitos do cálculo do número de aprendizes a serem contratados pelos estabelecimentos, nos termos do art. 429 da Consolidação das Leis do Trabalho – CLT, exceto os casos previstos no art. 10 do Decreto 5.598/2005.

A – Atuar na definição do planejamento estratégico	
1	Definir metas de venda com o grupo gestor (quantidade e prazo)
2	Definir plano de investimento com o grupo gestor
3	Participar da definição de políticas ambientais, sociais e de segurança e higiene do trabalho
4	Dimensionar recursos
5	Definir metas e padrões de qualidade
6	Avaliar exequibilidade de projetos
7	Fomentar pesquisa e desenvolvimento de tendências de mercado consumidor
8	Prospectar tendências tecnológicas, de produtos e modismos
9	Manipular tendência de mercado
10	Aproveitar oportunidades
11	Prospectar formadores de opinião
12	Atuar na definição de linhas de produto
13	Avaliar resultados (negócios e processos)

B – Definir plano de marketing e vendas	
1	Especificar recursos humanos, materiais e financeiros (orçamento)
2	Instituir metodologia de trabalho
3	Elaborar plano de contingência
4	Analisar plano de marketing e vendas
5	Analisar viabilidade econômica
6	Fixar metas de vendas (objetivos e prazos)
7	Revisar plano de marketing e vendas

C – Executar plano de marketing e vendas	
1	Acompanhar utilização dos recursos humanos, materiais e financeiros
2	Implantar novas metodologias de trabalho
3	Realizar ações preventivas e corretivas
4	Acompanhar indicadores de venda (volume de vendas, cumprimento de prazos)
5	Orientar planejamento da produção
6	Aprovar contratação de terceiros
7	Disseminar plano de marketing

D – Gerir qualidade da venda	
1	Fazer cumprir política comercial da empresa
2	Realizar pesquisas (*top of mind*)
3	Validar métodos
4	Desenvolver sistemáticas de monitoração do trabalho
5	Verificar cumprimento dos prazos de cobrança
6	Gerir pós-venda
7	Promover rastreabilidade do produto
8	Minimizar rupturas de vendas
9	Identificar novos fornecedores e prestadores de serviço
10	Gerenciar custos e prazos logísticos
11	Monitorar rentabilidade de produtos e clientes
12	Monitorar índice de satisfação de clientes e fornecedores

E – Participar na definição de políticas de recursos humanos	
1	Aprovar normas e instruções
2	Definir perfil de qualificação do pessoal
3	Diagnosticar necessidade de treinamento e desenvolvimento de pessoal
4	Promover treinamento e desenvolvimento da equipe
5	Avaliar desempenho da equipe
6	Contribuir na elaboração de descrição de cargos
7	Gerenciar salários, promoções, admissões e demissões
8	Avaliar nível de satisfação da equipe

F – Comunicar-se	
1	Dialogar com públicos de interesse da empresa
2	Estimular processo de comunicação
3	Transformar dados em informação
4	Disseminar informações ao público de interesse da empresa
5	Redigir relatórios
6	Expor ideias em público
7	Fazer exposições na mídia
8	Utilizar tecnologias da informação

	Competências pessoais
1	Demonstrar respeito a chefes e subordinados
2	Trabalhar com ética
3	Mostrar criatividade
4	Trabalhar em equipe
5	Mostrar versatilidade
6	Demonstrar capacidade de liderança
7	Delegar responsabilidades
8	Focalizar a busca de resultados
9	Administrar conflitos
10	Tomar decisões
11	Mostrar otimismo
12	Mostrar coerência
13	Trabalhar com responsabilidade social
14	Demonstrar visão de futuro
15	Motivar equipe
16	Promover campanhas internas de conscientização
17	Promover inovação
18	Implementar planos de marketing e vendas
19	Zelar pela apresentação pessoal

3. **Gerente de marketing**

Gerente de marketing – gerente de coordenação de marketing; gerente de departamento de marketing; gerente de divisão de marketing; gerente de marketing e vendas; gerente de produtos.

Elaboram planos estratégicos das áreas de comercialização, marketing e comunicação para empresas agroindustriais, industriais, de comercialização e serviços em geral; implementam atividades e coordenam sua execução; assessoram a diretoria e setores da empresa. Na área de atuação, gerenciam recursos humanos, administram recursos materiais e financeiros e promovem condições de segurança, saúde, preservação ambiental e qualidade.

Condições gerais de exercício
Os profissionais dessa família ocupacional exercem suas atividades na condição de trabalhadores assalariados com carteira assinada. Atuam em equipes de trabalho sob supervisão ocasional; desenvolvem o trabalho em ambientes fechados, em períodos diurnos. Podem atuar sob pressão, levando-os à situação de estresse.

Formação e experiência
Essas ocupações são exercidas por profissionais com escolaridade de nível superior, do ensino regular ou cursos superiores de tecnologia (tecnólogos). O tempo requerido para o exercício pleno das funções é de quatro a cinco anos de experiência profissional. A(s) ocupação(ões) elencada(s) nessa família ocupacional demandam formação profissional para efeitos do cálculo do número de aprendizes a serem contratados pelos estabelecimentos, nos termos do art. 429 da Consolidação das Leis do Trabalho – CLT, exceto os casos previstos no art. 10 do Decreto 5.598/2005.

A – Elaborar plano estratégico das áreas de comercialização, marketing e comunicação	
1	Estabelecer políticas e procedimentos de comunicação
2	Estabelecer política comercial
3	Pesquisar mercado
4	Analisar tendências do mercado
5	Analisar fatores econômico-financeiros
6	Estabelecer metas e indicadores de desempenho
7	Planejar ações para promoção da imagem institucional
8	Planejar campanhas publicitárias
9	Planejar campanhas de vendas
10	Planejar eventos (feiras, convenções, congressos, seminários)
11	Identificar necessidade de recursos
12	Elaborar orçamentos
13	Planejar racionalização do uso de recursos
14	Revisar planos

B – Implementar as atividades de comercialização, marketing e comunicação	
1	Negociar com clientes
2	Implementar ações de divulgação da imagem institucional (público interno e externo)
3	Relacionar-se com a mídia, com órgãos governamentais, entidades de classe, associações, entre outros
4	Implementar campanhas institucionais e publicitárias
5	Recomendar doações e/ou patrocínios
6	Realizar eventos (feiras, convenções, congressos, seminários)
7	Realizar campanhas de vendas
8	Assistir clientes nas atividades de comercialização e marketing
9	Criar programas e ações de fidelização dos clientes
10	Implementar serviços de atendimento a clientes
11	Subsidiar o desenvolvimento de novos produtos
12	Realizar ações para ampliação de participação no mercado
13	Determinar faixas de preços para comercialização
14	Contratar serviços de terceiros

C – Coordenar a execução das atividades de comercialização, marketing e comunicação	
1	Monitorar metas e indicadores de desempenho
2	Coordenar execução de campanhas publicitárias e promoções
3	Monitorar participação da empresa e/ou de produtos no mercado
4	Acompanhar atuação da concorrência
5	Monitorar relacionamento com clientes-chave
6	Coordenar os serviços de atendimento a clientes
7	Acompanhar questões públicas (leis, decretos, opinião pública)
8	Avaliar desempenho da mídia quanto a campanhas publicitárias e imagem institucional
9	Medir o nível de satisfação do cliente
10	Monitorar a execução de serviços de terceiros
11	Monitorar contratos

D – Assessorar a diretoria e setores da empresa	
1	Dar suporte na elaboração do plano estratégico da empresa
2	Dar suporte na elaboração das metas orçamentárias
3	Assessorar nos contatos com os diversos públicos das relações da empresa

4	Assessorar nos contatos com a imprensa
5	Assessorar a diretoria e setores correlatos na participação em eventos
6	Preparar relatórios de resultados
7	Apresentar relatórios de resultados
8	Redigir comunicados, normas e procedimentos
9	Negociar condições e prioridades de projetos
10	Representar a empresa publicamente
11	Atender auditoria interna e externa

E – Gerenciar recursos humanos	
1	Dimensionar a equipe
2	Definir perfis profissionais
3	Identificar necessidade de contratação de pessoal
4	Examinar currículos
5	Entrevistar candidatos
6	Gerenciar equipes
7	Delegar atribuições
8	Cobrar resultados
9	Avaliar desempenho
10	Formular plano de incentivos
11	Avaliar nível de satisfação da equipe
12	Detectar necessidades de treinamento e capacitação profissional
13	Incentivar o desenvolvimento profissional
14	Gerenciar remanejamentos
15	Listar características e atividades dos funcionários, para definição de cargos e salários

F – Administrar recursos materiais e financeiros	
1	Captar recursos
2	Administrar orçamentos
3	Otimizar custos e recursos
4	Autorizar pagamentos
5	Gerir lucratividade

G – Promover condições de segurança, saúde, meio ambiente e qualidade	
1	Divulgar normas e procedimentos relativos à saúde, segurança e meio ambiente
2	Controlar cumprimento de normas
3	Zelar pela organização do ambiente de trabalho
4	Solucionar reclamações de clientes e consumidores
5	Promover reciclagem de materiais

Competências pessoais	
1	Liderar pessoas
2	Demonstrar capacidade de negociação
3	Tomar decisões
4	Comunicar-se
5	Trabalhar em equipe
6	Demonstrar capacidade de raciocínio analítico
7	Demonstrar capacidade de síntese
8	Relacionar-se com outras pessoas
9	Demonstrar flexibilidade
10	Comunicar-se em outro idioma
11	Demonstrar capacidade de organização
12	Planejar ações e atividades
13	Agir com criatividade
14	Demonstrar capacidade de persuasão
15	Motivar equipes
16	Agir com empatia

4. **Professor de administração**

Professor de administração – professor de administração financeira; professor de administração pública; professor de finanças (administração); professor de gestão (administração); **professor de marketing**; professor de matemática financeira (administração); professor de organização e métodos (administração); professor de planejamento e desenvolvimento; professor de planejamento empresarial; professor de teoria da administração.

Ministram aulas, preparam cursos, programas, disciplinas e aulas na área de ciências econômicas, administrativas e contábeis do ensino superior; assistem e avaliam alunos; produzem trabalhos acadêmicos e orientam a elaboração de teses, monografias, dissertações e trabalhos de usos afins. Participam de atividades administrativas, bancas examinadoras e eventos acadêmicos; administram departamentos de ensino; realizam atividades de extensão e se comunicam oralmente e por escrito.

Condições gerais de exercício
Os profissionais dessa família ocupacional exercem suas funções em instituições e entidades de ensino; trabalham de forma individual, com supervisão ocasional, em ambientes fechados, no período diurno e/ou noturno. São contratados na condição de trabalhadores assalariados, com carteira assinada. Podem estar sujeitos a estresse constante, devido à condição de trabalho sob pressão.

Formação e experiência
Essas ocupações são exercidas por pessoas com escolaridade de ensino superior ou com formação profissional em nível técnico (cursos técnicos). O pleno exercício das atividades ocorre após o período de um a dois anos de experiência profissional.

A – Ministrar aula	
1	Expor conteúdos referentes a disciplinas de economia, administração e contabilidade
2	Adequar o conteúdo programático à realidade
3	Aplicar recursos didáticos
4	Utilizar recursos técnicos para exposição
5	Esclarecer dúvidas de alunos
6	Indicar uso de *softwares* específicos e calculadoras

B – Preparar cursos, programas, disciplinas e aulas	
1	Definir conteúdo programático
2	Atualizar o conteúdo programático
3	Preparar material didático
4	Definir bibliografia
5	Preparar conteúdo da aula
6	Preparar exercícios relativos à economia, administração e contabilidade
7	Selecionar recursos técnicos para exposição
8	Preparar exames

C – Assistir alunos	
1	Auxiliar na escolha da disciplina
2	Fornecer orientação acadêmica e profissional
3	Orientar na publicação de trabalho
4	Direcionar na obtenção de bolsas de estudo
5	Auxiliar na obtenção de estágio
6	Orientar monitores

D – Avaliar alunos	
1	Avaliar participação em aula
2	Aplicar prova escrita e oral
3	Aferir provas e trabalhos
4	Avaliar teses, monografias e dissertações
5	Registrar frequência dos alunos

E – Produzir trabalhos acadêmicos	
1	Elaborar artigos científicos e acadêmicos
2	Elaborar relatórios
3	Divulgar resultados de pesquisas
4	Elaborar teses e dissertações

F – Orientar teses, monografias, dissertações e trabalhos de usos afins	
1	Auxiliar na definição de temas de pesquisa
2	Orientar aluno quanto à estruturação do pensamento
3	Auxiliar na definição de metodologias
4	Orientar pesquisa bibliográfica
5	Orientar pesquisa teórica
6	Orientar pesquisa de campo
7	Orientar coleta de dados
8	Orientar utilização de normas e formas de apresentação
9	Criticar versões dos trabalhos
10	Sugerir composição da banca examinadora

G – Participar de atividades administrativas	
1	Analisar propostas de pesquisa
2	Definir temas e escopo da pesquisa
3	Elaborar projetos
4	Definir metodologia
5	Pesquisar bibliografia
6	Definir cronograma
7	Organizar equipes
8	Atribuir tarefas
9	Coletar dados
10	Classificar dados
11	Analisar dados
12	Coordenar execução do projeto

H – Participar de bancas examinadoras	
1	Julgar trabalhos acadêmicos e científicos
2	Propor alterações em teses e dissertações
3	Dar parecer em publicações científicas e acadêmicas
4	Propor trabalhos para publicação
5	Participar de comissões editoriais

I – Participar de eventos acadêmicos	
1	Selecionar trabalhos acadêmicos para eventos
2	Apresentar trabalhos, artigos e comunicações
3	Debater trabalhos
4	Coordenar mesas de debates
5	Participar de painéis
6	Proferir palestras
7	Assistir a eventos

J – Administrar departamentos de ensino	
1	Participar de atividades administrativas
2	Organizar grade curricular e horária
3	Indicar professor para contratação
4	Organizar eventos
5	Elaborar prestação de contas
6	Procurar fontes de financiamentos
7	Participar da avaliação de cursos

Como agora você já tem o conhecimento sobre a gestão do marketing e sobre as funções do profissional, baseadas em suas habilidades e competências (ou seja, no saber fazer e fazer), já está mais do que na hora de saber sobre o código de ética (confira o Anexo 1 deste livro). Dessa maneira, você já estará pronto para atuar com segurança e para gerar riqueza com responsabilidade e criatividade.

Síntese

Nessa atividade, a de elaborar um planejamento de marketing, você deve, primeiramente, **diagnosticar a situação**, para, então, estabelecer objetivos e estratégias, bem como organizar e ativar os procedimentos de monitoramento e controle. No entanto, toda essa estruturação corre o risco de falhar (e é muito provável que isso aconteça) em sua implantação se não houver um segundo processo, já previsto de antemão – ou seja, as atividades de **atualização do plano**.

Nesse contexto operacional, não é difícil de compreender a necessidade de atuação de profissionais de marketing como fator preponderante nas organizações, pois eles, além da prática, detêm conhecimentos e ferramentas que possibilitam realizar esse processo de elaboração e implantação (com monitoramento) do plano de marketing.

Um plano de marketing requer planejamento criterioso e detalhado. Esse processo é realizado com a observação das etapas sucessivas de elaboração, as quais envolvem a criação de estratégias que incluem pesquisas, análises e avaliações relacionadas com o produto e o mercado (praça, preço, público-alvo, promoções, entre outros fatores). Lembramos que os aspectos norteadores dessas atividades devem estar em sintonia e harmonia com a missão, os objetivos e os valores da organização. Nesse contexto, outro fator norteador é o orçamento.

Questões para revisão

Neste capítulo, você estudou sobre plano de marketing, o profissional de marketing e sobre as atividades desenvolvidas por esses profissionais. Essas informações são de grande importância para o seu desenvolvimento, pois as ações referentes à área de marketing devem ser conhecidas por todos na organização. Agora que já sabe quais as características do plano de marketing e do profissional de marketing, você poderá desenvolver o plano para um determinado produto, serviço ou para a empresa na qual você trabalha. Mas, antes disso, responda às questões a seguir.

1. Foram ressaltadas, neste capítulo, as etapas para a elaboração e implantação de um plano de marketing. Para que esse plano atenda à organização, indique quais são as etapas necessárias.
2. Qual a etapa que exige maior conhecimento de mercado? Justifique a importância desse conhecimento para o plano de marketing.
3. Cite três ocupações nas quais você gostaria de atuar, que sejam pertinentes à área de marketing e que estejam inseridas na Classificação Brasileira de Ocupações (CBO).
4. Quais são as características pessoais que você considera mais importantes para o profissional de marketing? Indique, pelo menos, três características.
5. Conforme a CBO, identifique as demais áreas de uma organização em que o profissional de marketing poderá desempenhar suas funções.

para concluir

Um plano de marketing requer planejamento criterioso e detalhado para a subsequente implantação. Esse processo é realizado com a observação das etapas sucessivas de elaboração. Essas etapas envolvem a criação de estratégias que incluem pesquisas, análises e avaliações relacionadas com o produto e o mercado (praça, preço, público-alvo, promoções, entre outros fatores). Lembramos que os aspectos norteadores dessas atividades devem estar em sintonia e harmonia com a missão, os objetivos e os valores da organização. Nesse contexto, outro fator norteador é o orçamento.

Aos profissionais de marketing, devemos ainda destacar que cabe a eles apresentar – como diz Fisk (2008b) – premissas de sustentabilidade (campeões do consumidor, inovadores do negócio, motivadores do crescimento), as quais os credenciam para assumirem o desafio e a responsabilidade pelo negócio, implantando a gestão de marketing.

referências

ABMN NEWS. *Deixado de lado*. 21 jan. 2009a. Disponível em: <http://www.abmn.com.br/abmnnews/exibenews.asp?Id=1199>. Acesso em: 19 maio 2009.

_____. *Giro global*: café brasileiro no Japão. 16 mar. 2009b. Disponível em: <http://www.abmn.com.br/abmnnews/exibenews.asp?Id=1204>. Acesso em: 21 maio 2009.

_____. *Para vender mais*. 16 mar. 2009c. Disponível em: <http://www.abmn.com.br/abmnnews/exibenews.asp?Id=1209>. Acesso em: 18 maio 2009.

_____. *Peter Pan?* 16 mar. 2009d. Disponível em: <http://www.abmn.com.br/abmnnews/exibenews.asp?Id=1210>. Acesso em: 14 maio 2009.

_____. *Uma nova central de mídia*. 21 jan. 2009e. Disponível em: <http://www.abmn.com.br/abmnnews/exibenews.asp?Id=1197>. Acesso em: 18 maio 2009.

_____. *Vaidade masculina*. 21 jan. 2009f. Disponível em: <http://www.abmn.com.br/abmnnews/exibenews.asp?Id=1191>. Acesso em: 12 maio 2009.

ALVES, Márcia Nogueira; FONTOURA, Mara; ANTONIUCCI, Cleide Luciane. *Mídia e produção audiovisual*: uma introdução. Curitiba: Ibpex, 2008.

AMA – American Marketing Association. *Definition for marketing*. 2007. Disponível em: <http://www.marketingpower.com/AboutAMA/Pages/DefinitionofMarketing.aspx>. Acesso em: 21 maio 2009.

_____. *New definition for marketing*. 22 jan. 2008. Disponível em: <http://www.marketingpower2.com/blog/amablog/2008/01/the_american_marketing_associa.html>. Acesso em: 21 maio 2009.

AMBRÓSIO, Vicente. *Plano de marketing*: passo a passo. São Paulo: Prentice Hall, 2007.

ANDRADE, Carlos Frederico de. *O efeito das marcas próprias no marketing mix varejista*: um estudo multicaso sobre as organizações supermercadistas de alimentos na cidade de Curitiba e Região Metropolitana. 2007. Dissertação (Mestrado em Administração) – Pontifícia Universidade Católica do Paraná, Curitiba, 2007.

ANDRADE, Carlos Frederico de; KATO, Heitor Takashi. Introdução dos produtos com marcas próprias: estudo de caso em redes de supermercados na cidade de Curitiba e Região Metropolitana. In: ENCONTRO DE MARKETING, 3., 2008, Curitiba. *Anais...* Curitiba, 2008. p. 1-16. v. 1.

ANUÁRIO EXAME 2007-2008. São Paulo: Abril, jun. 2007.

ÁREA. In: HOUAISS, Antônio; VILLAR, Mauro de S.; FRANCO, Francisco M. de M. *Dicionário Houaiss da língua portuguesa*. Rio de Janeiro: Objetiva, 2001. p. 281.

AS CIDADES como marcas. *D2B – Design To Branding Magazine*, São Paulo; Porto Alegre, v. 13, n. 3, p. 86-91, dez. 2007.

AZEVEDO, Maria de Fátima M. de; SANTOS, Michelle S. dos; OLIVEIRA, Rúbia de. *O uso da cor no ambiente de trabalho*: uma ergonomia da percepção. Disponível em: <http://www.eps.ufsc.br/ergon/revista/artigos/rubia.PDF>. Acesso em: 26 maio 2009.

BALDI, Neila. Marketing ambiental sofre com a crise. *Gazeta Mercantil*, São Paulo, 3 abr. 2009a. Disponível em: <http://indexet.gazetamercantil.com.br/arquivo/2009/03/23/477/Marketing-ambiental-sofre-com-a-crise.html>. Acesso em: 22 maio 2009.

_____. Participação de serviços chega a 67% em 2008. *Gazeta Mercantil*, São Paulo, 3 abr. 2009b. Disponível em: <http://indexet.gazetamercantil.com.br/arquivo/2009/03/11/373/Participacao-de-servicos-chega-a-67-em-2008.html>. Acesso em: 21 maio 2009.

BALSINI, Cristina Pereira V.; SILVEIRA, Ricardo B. da. *Marketing social x marketing societal*: dois lados de uma mesma moeda. 2005. Disponível em: <http://www.ead.fea.usp.br/Semead/8semead/resultado/trabalhosPDF/287.pdf>. Acesso em: 11 maio 2009.

BANCO REAL. *Organize suas finanças e faça seu dinheiro render*. Disponível em: <http://www.bancoreal.com.br/index_internas.htm?sUrl=http://www.bancoreal.com.br/veja_um_clique/fin_pessoais/plan_vida_financeira/tpl_financas_pessoais.shtm>. Acesso em: 21 maio 2009.

BAPTISTA, Cristiana. Na onda do verão. *Veja*, São Paulo, n. 1.683, 17 jan. 2001. Disponível em: <http://veja.abril.com.br/170101/p_104.html>. Acesso em: 13 maio 2009.

BELINKY, Aron. O poder das palavras. *Guia Exame 2008*, São Paulo, out. 2008.

BERNARD, Daniel A. *Marketing internacional*. Curitiba: Ibpex, 2007.

BERTÉ, Rodrigo. *Gestão socioambiental no Brasil*. Curitiba: Ibpex, 2009.

BRADESCO. *Crédito*: dicas de uso. Disponível em: <https://www.shopcredit.com.br/shopcredit/hotsites/hotsite_credito_responsavel/index.swf>. Acesso em: 21 maio 2009.

BRASIL. Ministério de Minas e Energia. Eletrobrás. *Procel*: selo Procel. Disponível em: <http://www.eletrobras.com/elb/procel/main.asp?TeamID={95F19022-F8BB-4991-862A-1-C116F13AB71}>. Acesso em: 15 maio 2009a.

BRASIL. Ministério do Trabalho e Emprego. *CBO – Classificação Brasileira de Ocupações*. Disponível em: <http://www.mtecbo.gov.br/cbosite/pages/saibaMais.jsf>. Acesso em: 31 maio 2009b.

CAMARGO, Mário de (Org.). *Gráfica*: arte e indústria no Brasil – 180 anos de história. 2. ed. Bauru: Edusc; Guarulhos: Bandeirantes Gráfica, 2003.

CARDIA, Wesley. *Marketing e patrocínio esportivo*. Porto Alegre: Bookman, 2004.

CHURCHILL JUNIOR, Gilbert A.; PETER, J. Paul. *Marketing*: criando valor para os clientes. 2. ed. São Paulo: Saraiva, 2000.

COCA-COLA. *Nossas marcas*: Coca-Cola. Disponível em: <http://www.cocacolabrasil.com.br/conteudos.asp?item=3&secao=36&conteudo=120>. Acesso em: 26 maio 2009.

COREIA, uma aposta no *design*. *D2B – Design To Branding Magazine*, São Paulo; Porto Alegre, v. 12, n. 2, p. 34-39, jul. 2007.

CRESCE NORDESTE. *O Cresce Nordeste está em lugares que você nem imagina*. 2007. Propaganda.

DESEJO. In: HOUAISS, Antônio; VILLAR, Mauro de S.; FRANCO, Francisco M. de M. *Dicionário Houaiss da língua portuguesa*. Rio de Janeiro: Objetiva, 2001. p. 974.

DIAS, Sergio Roberto (Org.). *Gestão de marketing*. São Paulo: Saraiva, 2003.

DINHEIRO. In: HOUAISS, Antônio; VILLAR, Mauro de S.; FRANCO, Francisco M. de M. *Dicionário Houaiss da língua portuguesa*. Rio de Janeiro: Objetiva, 2001. p. 1044.

ETZEL, Michael J.; WALKER Bruce J.; STANTON, William J. *Marketing*. São Paulo: Makron Books, 2001.

FERRACCIÚ, João de Simoni S. *Marketing promocional*: a evolução da promoção de vendas. 6. ed. São Paulo: Prentice Hall, 2008.

FESTIVAL DE CURITIBA. 2009a. Disponível em: <http://www.festivaldecuritiba.com.br>. Acesso em: 25 maio 2009.

_____. *Festival de Curitiba*: tudo que você vê. 2009b. Disponível em: <http://www.festivaldecuritiba.com.br/servlet/IndexProgramacaoController?state=11>. Acesso em: 25 maio 2009.

FIEPR – Federação das Indústrias do Estado do Paraná. *O que são redes sociais distribuídas e como articulá-las*. Disponível em: <http://www.fiepr.org.br/redeempresarial/uploadAddress/Texto_1_GFAL%5B48727%5D.pdf>. Acesso em: 21 maio 2009.

FISK, Peter. Aspirantes a gênios. *HSM Management*, jan./fev. 2008a. Entrevista. Disponível em: <http://br.hsmglobal.com/adjuntos/14/documentos/000/061/0000061879.pdf>. Acesso em: 21 maio 2009.

_____. *O gênio do marketing*. Porto Alegre: Artmed, 2008b.

FOLHA ONLINE. Capitão Kirk original deve participar de sequência de "Star Trek". 1° abr. 2009. Disponível em: <http://www1.folha.uol.com.br/folha/ilustrada/ult90u544066.shtml>. Acesso em: 10 maio 2009.

_____. *Pânico cria saia justa para a Globo*. 28 jun. 2008. Disponível em: <http://www1.folha.uol.com.br/folha/colunas/zapping/ult3954u417085.shtml>. Acesso em: 10 maio 2009.

GIRALDI, Janaina de Moura E.; SCANDIUZZI, Fernando. Private label implications for manufacturers and retailers: a European and a Brazilian perspective. *REAd*, Porto Alegre, v. 10, n. 3, mai./jun. 2004.

GLAMOUR. In: HOUAISS, Antônio; VILLAR, Mauro de S.; FRANCO, Francisco M. de M. *Dicionário Houaiss da língua portuguesa*. Rio de Janeiro: Objetiva, 2001. p. 1455.

GOMES, Luci. Um discurso que afeta o caixa. *Guia Exame 2008*, São Paulo, out. 2008.

GUIA CATÓLICO: chegou o novo anuário católico do Brasil. 2009. Propaganda.

GUIA EXAME 2008. Sustentabilidade: a lista das 20 empresas-modelo em responsabilidade social corporativa no Brasil. São Paulo: Abril, out. 2008. 140 p. Especial.

GUIMARÃES, Ricardo. Branding: gestão da marca. In: FÓRUM DE MARKETING CURITIBA 2008, 1., 2008, Curitiba. *Fórum de Marketing Curitiba 2008*. Curitiba: Posigraf, 2008. p. 26-57.

GVT. *Mais tempo para aproveitar as boas coisas da vida*. 2009. Propaganda.

HESSEL, Camila. As marcas, presidente, as marcas! *Época Negócios*, São Paulo, maio 2008. Disponível em: <http://epocanegocios.globo.com/Revista/Epocanegocios/0,,EDR83399-9292,00.html>. Acesso em: 10 maio 2009.

HOLÍSTICO. In: HOUAISS, Antônio; VILLAR, Mauro de S.; FRANCO, Francisco M. de M. *Dicionário Houaiss da língua portuguesa*. Rio de Janeiro: Objetiva, 2001. p. 1544.

IBGE – Instituto Brasileiro de Geografia e Estatística. *Nosso povo*: características da população. 2000. Disponível em: <http://www.ibge.gov.br/7a12/conhecer_brasil/default.php?id_tema_menu=2&id_tema_submenu=5>. Acesso em: 25 maio 2009.

INTERCITY: tarifas promocionais *web*. 2009. Propaganda.

IPIRANGA: cartão Ipiranga carbono zero. 2007. Propaganda.

ISABELA: família Isabela. 2009. Propaganda.

KANITZ, Stephen. *O que é o terceiro setor?* Disponível em: <http://www.filantropia.org/OqueeTerceiroSetor.htm>. Acesso em: 10 maio 2009.

KNAPIK, Janete. *Administração geral e de recursos humanos*. Curitiba: Ibpex, 2005.

KOTLER, Philip. *Administração de marketing*: análise, planejamento, implementação e controle. 5. ed. São Paulo: Atlas, 1998.

_____. *As novas tendências do marketing*. Curitiba/Universidade Positivo, 2008. Palestra proferida no evento Fórum de Marketing Curitiba 2008.

_____. *Marketing para organizações que não visam lucro*. 10. ed. São Paulo: Prentice Hall, 2000.

KOTLER, Philip; KELLER, Kevin L. *Administração de marketing*. 12. ed. São Paulo: Pearson Prentice Hall, 2006.

LAS CASAS, Alexandre L. *Marketing de varejo*. 3. ed. São Paulo: Atlas, 2004.

LE MANS: clientes inteligentes merecem promoções inteligentes. 2009. Propaganda.

LEVY, Michael; WEITZ, Barton A. *Administração de varejo*. São Paulo: Atlas, 2000.

LONGO, Walter. Inovação e renovação quebrando paradigmas do marketing. In: FÓRUM DE MARKETING CURITIBA 2008, 1., 2008, Curitiba. *Fórum de Marketing Curitiba 2008*. Curitiba: Posigraf, 2008. p. 84-95. Entrevista.

LUPOLI JUNIOR, José G. *Gestão de marca*: uma ferramenta estratégica para o varejo. Disponível em: <http://www.fundacaofia.com.br/provar/artigos.asp?tip=#31>. Acesso em: 29 abr. 2009.

MARINHO, Luiz Alberto. Santo de casa. *Revista Gol*, São Paulo, v. 84, mar. 2009.

MARKETING. In: HOUAISS, Antônio; VILLAR, Mauro de S.; FRANCO, Francisco M. de M. *Dicionário Houaiss da língua portuguesa*. Rio de Janeiro: Objetiva, 2001. p. 1856.

MATTOS, Adriana. Com um pé no agronegócio. *Anuário Exame Agronegócio 2007-2008*, São Paulo, jun. 2007. Disponível em: <http://portalexame.abril.com.br/static/aberto/anuarioagronegocio/edicoes_0895/m0131050.html>. Acesso em: 13 maio 2009.

McCARTHY, E. Jerome; PERREAULT JUNIOR, William D. *Marketing essencial*: uma abordagem gerencial e global. São Paulo: Atlas, 1997.

MEGIDO, José Luiz Tejon. *R$ 100 milhões para o marketing agrícola*. 7 dez. 2004. Disponível em: <http://www.embrapa.br/imprensa/artigos/2000/artigo.2004-12-07.2444701595>. Acesso em: 20 maio 2009.

MEGIDO, José Luiz Tejon; XAVIER, Coriolano. *Marketing & agribusiness*. 4. ed. São Paulo: Atlas, 2003.

MERCADO. In: HOUAISS, Antônio; VILLAR, Mauro de S.; FRANCO, Francisco M. de M. *Dicionário Houaiss da língua portuguesa*. Rio de Janeiro: Objetiva, 2001. p. 1897.

MOEDA. In: HOUAISS, Antônio; VILLAR, Mauro de S.; FRANCO, Francisco M. de M. *Dicionário Houaiss da língua portuguesa*. Rio de Janeiro: Objetiva, 2001. p. 1943.

MOREIRA, Assis. *Washington volta a subsidiar exportação de lácteos.* 27 maio 2009. Disponível em: <http://economia.uol.com.br/ultnot/valor/2009/05/27/ult1913u107310.jhtm>. Acesso em: 28 maio 2009.

MORGADO, Maurício G.; GONÇALVES, Marcelo N. (Org.). *Varejo*: administração de empresas comerciais. São Paulo: Senac, 1997.

NAMING, uma nova disciplina. *D2B – Design To Branding Magazine*, São Paulo; Porto Alegre, v. 12, n. 2, p. 46-47, jul. 2007.

NATURA. *Natura diversa*. 2009. Propaganda.

NECESSIDADE. In: HOUAISS, Antônio; VILLAR, Mauro de S.; FRANCO, Francisco M. de M. *Dicionário Houaiss da língua portuguesa*. Rio de Janeiro: Objetiva, 2001. p. 2002.

PARANÁ CLÍNICAS: Viva! Mudar só depende de você. 2009. Propaganda.

PARANHOS FILHO, Moacyr. *Gestão da produção industrial.* Curitiba: Ibpex, 2007.

PARENTE, Juracy. *Varejo no Brasil*: gestão e estratégia. São Paulo: Atlas, 2000.

PEIXOTO, Eduardo. *Corinthians faz Fla rever patrocínio*. 9 jan. 2008. Disponível em: <http://globoesporte.globo.com/ESP/Noticia/Futebol/0,,MUL251997-4274,00.html>. Acesso em: 10 maio 2009.

PERSONA, Mario. Marketing viral. *Revista Recall*, dez. 2006. Entrevista. Disponível em: <http://www.mariopersona.com.br/entrevista_revista_recall.html>. Acesso em: 10 maio 2009.

PORTAL EXAME. *O céu pode estar na estrada*. 26 fev. 2009. Disponível em: <http://portalexame.abril.com.br/pme/ceu-pode-estar-estrada-430092.html>. Acesso em: 15 jan. 2010.

PRODUTO. In: HOUAISS, Antônio; VILLAR, Mauro de S.; FRANCO, Francisco M. de M. *Dicionário Houaiss da língua portuguesa*. Rio de Janeiro: Objetiva, 2001. p. 2305.

PROGRAMA MINHA ESCOLHA. *Facilitando escolhas saudáveis*. Disponível em: <http://www.programaminhaescolha.com.br/programa.html>. Acesso em: 14 maio 2009.

PROMOÇÃO. In: HOUAISS, Antônio; VILLAR, Mauro de S.; FRANCO, Francisco M. de M. *Dicionário Houaiss da língua portuguesa*. Rio de Janeiro: Objetiva, 2001. p. 2310.

PROMOCAT. *Marketing integrado*: especializada no segmento católico. 2009. Propaganda.

PROMOVER. In: HOUAISS, Antônio; VILLAR, Mauro de S.; FRANCO, Francisco M. de M. *Dicionário Houaiss da língua portuguesa*. Rio de Janeiro: Objetiva, 2001. p. 2310.

REVISTA DA NATURA. São Paulo: Trip; Plural, 2009. Ciclo 5.

SEIBEL, Felipe. A melhor fazenda do Brasil. *Anuário Exame 2007-2008*, São Paulo, p. 50-53, jun. 2007.

SELEME, Robson; SELEME, Roberto B. *Automação da produção*: abordagem gerencial. Curitiba: Ibpex, 2006.

SENHORAS, Elói Martins. O varejo supermercadista sob perspectiva. *REAd*, Porto Alegre, v. 9, n. 3, maio/jun. 2003.

SERTEK, Paulo; GUINDANI, Roberto Ari; MARTINS, Tomás S. *Administração e planejamento estratégico*. 2. ed. Curitiba: Ibpex, 2009.

SIQUEIRA, Ito. *O poder do marketing no varejo*. 21 jun. 2005. Disponível em: <http://www.biblioteca.sebrae.com.br/bds/BDS.nsf/3E5EC484E4BD74070325702 7006407E6/$File/NT000A9206.pdf>. Acesso em: 10 maio 2009.

SOCIAL. In: HOUAISS, Antônio; VILLAR, Mauro de S.; FRANCO, Francisco M. de M. *Dicionário Houaiss da língua portuguesa*. Rio de Janeiro: Objetiva, 2001. p. 2595.

STEVENS, Robert et al. *Planejamento de marketing*: guia de processos e aplicações práticas. São Paulo: Pearson Education, 2004.

TAM. *Aspectos de gestão sustentável*. [2008?]. Publicidade interna.

TAVARES, Mauro Calixta. *A força da marca*: como construir e manter marcas fortes. São Paulo: Harbra, 1998.

TEIXEIRA, Alessandra. *O marketing ecológico como ferramenta da educação ambiental e sensibilização do mercado consumidor*. Disponível em: <http://www.hploco.com/via/Marketing_Ambiental.html>. Acesso em: 10 maio 2009.

TERRA, Eduardo A. S. *A classificação do varejo*: um estudo sobre diferentes abordagens. Disponível em: <http://www.fundacaofia.com.br/provar/artigos.asp?tip=#27>. Acesso em: 29 abr. 2009.

TIPO. In: HOUAISS, Antônio; VILLAR, Mauro de S.; FRANCO, Francisco M. de M. *Dicionário Houaiss da língua portuguesa*. Rio de Janeiro: Objetiva, 2001. p. 2722.

TROCA. In: HOUAISS, Antônio; VILLAR, Mauro de S.; FRANCO, Francisco M. de M. *Dicionário Houaiss da língua portuguesa*. Rio de Janeiro: Objetiva, 2001. p. 2773.

anexo

Código de Ética da Associação Brasileira de Marketing & Negócios (ABMN).

Capítulo I

Definições e âmbito

Art. 1º – Para os efeitos da presente Resolução, considera-se profissional de marketing qualquer pessoa – trabalhando como autônoma ou empregada – independentemente de cargo, profissão ou função, cuja atividade profissional compreenda com caráter preponderante a participação permanente e/ou poder de decisão em áreas estratégicas de marketing, assim consideradas a criação e desenvolvimento de estratégias de preço, distribuição, comunicação e promoção de quaisquer produtos ou serviços.

Art. 2º – Consideram-se como integrantes do presente Código, no que disser respeito a atividades exercidas por profissionais de marketing, os seguintes documentos emitidos até esta data por entidades afins à ABMN e à ESPM:

a. o Código Brasileiro de Autorregulamentação Publicitária do Conselho Nacional de Autorregulamentação Publicitária – CONAR;
b. o Código de Ética do Marketing Promocional da Associação do Marketing Promocional – AMPRO;
c. o Código de Autorregulamentação do Marketing Direto da Associação Brasileira de Marketing Direto – ABEMD;
d. o Código Internacional para a Prática da Pesquisa Social e de Mercado, adotado pelas associações profissionais de pesquisa brasileiras – SBPM, ANEP e ABIPME.

Art. 3º – Além e acima das normas citadas no artigo anterior e das demais que integram este Código de Ética, espera-se do profissional de marketing que, como pessoa e cidadão, tenha sempre presente em suas ações profissionais e pessoais a norma ética essencial que proíbe prejudicar deliberadamente a quem quer que seja.

Capítulo II
Deveres para com a sociedade

Art. 4º – O profissional de marketing deverá, como toda pessoa, cumprir os deveres essenciais de cidadania, inclusive e especialmente:

a. procurar contribuir para o constante progresso das instituições e do bem-estar da população do Brasil, valorizando e defendendo a livre iniciativa como modelo básico mais adequado para orientar a organização econômica nacional;
b. respeitar de forma rigorosa o direito à privacidade dos cidadãos com quem se relacione;
c. zelar para que do exercício de suas atividades não resulte, direta ou indiretamente, qualquer agressão ou prejuízo ao meio ambiente do planeta e ao patrimônio cultural do país – respeitando também o idioma português como parte da cultura nacional – e ainda qualquer espécie de discriminação por motivos de ordem étnica, religiosa, política, cultural, de gênero, nacionalidade, estado

civil, idade, aparência ou classe social;
d. colaborar para o desenvolvimento da profissão buscando sempre, para si mesmo e para os demais profissionais, maior capacitação e constante atualização e mantendo-se consciente da necessidade de colaborar com a formação profissional de gerações futuras;
e. conhecer, cumprir e fazer cumprir este Código de Ética e propagar seus preceitos entre os colegas de profissão.

Capítulo III
Deveres em relação às ações estratégicas de marketing

Art. 5º – Nas atividades relacionadas a ações estratégicas de marketing, deverá o profissional de marketing:

a. procurar certificar-se, tanto quanto seja possível e razoável, que os produtos e serviços que oferece ao mercado são adequados aos fins propostos, alertando sempre seus clientes, com clareza e nitidez, de qualquer potencial consequência negativa, ou restrição que possa advir da utilização de tais produtos e serviços;

b. informar sempre, de forma clara e completa, a todos os seus clientes efetivos ou potenciais, os critérios de remuneração de seus produtos e serviços, sempre sem deixar qualquer dúvida sobre o respectivo valor final total;

c. identificar com exatidão a origem e qualquer outra informação relevante para aferir sua confiabilidade de qualquer dado de pesquisa de mercado que utilize na comunicação, evitando qualquer apresentação que possa induzir a erro ou conclusão falsa;

d. abster-se de utilizar qualquer forma de processo coercitivo, inclusive ameaça ou promessa de recompensa, para manipular ou influenciar por qualquer forma em benefício de sua organização, de seus clientes ou de seus produtos e serviços os canais de distribuição e de comunicação;

e. não utilizar qualquer forma de venda, promoção ou comunicação que possa induzir em erro, seja por omissão de dados relevantes ou pela apresentação falsa ou distorcida de informações e dados.

Capítulo IV

Deveres no exercício cotidiano da profissão

Art. 6º – No exercício individual e cotidiano de suas funções, o profissional de marketing deverá:

a. aceitar sempre todas as responsabilidades inerentes à atividade profissional;

b. buscar com diligência os resultados de natureza material ou institucional que tenham sido estabelecidos na estratégia de marketing da instituição para a qual trabalhe;

c. manter sigilo absoluto sobre qualquer informação que não seja de caráter público e a que venha ter acesso, direta ou indiretamente, no exercício de sua atividade profissional e cuja divulgação possa, ainda que minimamente, prejudicar seus clientes ou a instituição em que trabalha;

d. não apresentar como seu – total ou parcialmente – o trabalho de outra pessoa;

e. ao participar de reuniões ou encontros sobre assuntos de proveito coletivo, em que haja potenciais conflitos de interesses, informar previamente aos demais participantes da existência desse conflito.

Capítulo V

Este Código entra em vigor nesta data e somente poderá ser modificado por disposição conjunta de seus instituidores.

Rio de Janeiro, 8 de maio de 1999.

Fonte: ABMN – Associação Brasileira de Marketing & Negócios. *Código de Ética da Associação Brasileira de Marketing & Negócios*. 8 maio 1999. Disponível em: <http://www.abmn.com.br/codigo/profissionais.asp>.

Acesso em: 31 maio 2009.

gabarito

Lembre-se de que as justificativas para as respostas são pessoais, mas devem demonstrar o entendimento do conteúdo.

Capítulo 1

1. Com o mais recente conceito da AMA (2009), ou seja, o de que **marketing** "é a atividade – conjunto de instituições e processos – para criar, comunicar, distribuir e negociar ofertas que tenham valor para consumidores, clientes, parceiros, bem como para a sociedade como um todo", destacando a preocupação com o ecossistema social.
2. O marketing estratégico, pois ele atua no âmbito geral da organização, participando do processo de gestão.
3. Concordo, pois, nesse caso, não houve o comprometimento da organização com a coletividade, apenas o aproveitamento de uma determinada situação para se promover. No entanto, embora esse tipo de atitude possa, momentaneamente, gerar lucros, não se sustenta e não agrega valor duradouro à marca.
4. Sim, justamente por não se referir a um trabalho sério e apenas a atitudes de "espertezas", o que não caracteriza as atividades de um profissional de marketing.
5. Corresponde, mais precisamente, à definição de "lugar teórico onde

se processam a oferta e a procura de determinado produto ou serviço. Ex.: o m. da lã; o m. do ouro".

Capítulo 2

1. Não, isso apenas indica que praticam o societal, ou seja, nos programas de responsabilidade social, nem sempre a empresa investe em marketing verde; pode também ser educacional, social, cultural.
2. Totalizam 68%. Os comentários são pessoais, podem inclusive incluir exemplos.
3. É uma resposta pessoal; no entanto, você deve fundamentá-la com dados.
4. Um dos principais aspectos que fica evidente é o objetivo de ligar a ideia de responsabilidade social/ambiental com a marca, isto é, com a finalidade comercial. Se, por exemplo, analisarmos o Banco Real, é possível perceber que, nas suas propagandas, ele explora esse fator.

   O fim social fica mais claro quando interligamos com a informação do texto da *Revista Exame* (Gomes, 2008), pois tal atitude certamente irá provocar uma transformação social (envolve preservação de florestas e a preservação da dignidade de pessoas – "trabalho escravo"). O aspecto institucional seria mais bem compreendido se acessássemos materiais internos do banco, mas é possível deduzir que, para uma empresa interagir com o cliente, os seus funcionários devem estar engajados no projeto de sustentabilidade.
5. Área de marketing de serviços: Banco Real.
   Área de marketing de varejo: Supermercado Pão de Açúcar.
   Área de marketing industrial e/ou de produto: Perdigão, Philips.

Capítulo 3

1. Esse processo permite que a cidade construa sua identidade.
2. O produto é a identidade da "cidade", expressa em sua marca, como nos exemplos: Paris – romance; Milão – estilo; Nova Iorque – energia; Washington – poder; Londres – vanguarda; Tóquio – modernidade; Barcelona – cultura. Ou seja, por exemplo, Barcelona (marca) vende cultura (identidade).
3. Resposta pessoal, mas o Rio de

Janeiro é uma opção, pois se constitui em marca de praias e carnaval.
4. Principalmente os preços competitivos, mais baratos em relação aos produtos de marca de fabricante.
5. Resposta pessoal contendo um pequeno resumo sobre rótulo, qualidade, variedade, *design*, tamanho, serviços agregados, garantia e devolução, bem como sobre embalagem.

Capítulo 4

1. A praça. Justificativa: resposta pessoal.
2. O produto ofertado é o *Cresce Nordeste* (crédito). Normalmente, a oferta de crédito se faz em estabelecimentos bancários. A sequência da resposta pode ser: a banca de frutas sinaliza para o objetivo do crédito ofertado, para o público-alvo, que pode ser uma fazenda onde se cultivam frutas (Fazenda Tamanduá), um *shopping* que vende produtos da indústria automotiva (*Shopping* Honda) ou uma banca de frutas, entre outros espaços e/ou setores de produção e comercialização.
3. É o Nordeste do Brasil. Essa identificação da praça de cobertura está em vários elementos: o nome do produto ou do crédito – *Cresce Nordeste*; na frase "[...] é a história de crescimento de muitos **nordestinos**"; bem como na expressão "[...} que o **Brasil** já viu". E o banco que disponibiliza esse crédito é o Banco do **Nordeste**, reforçando a ideia de localização de oferta do produto/serviço – ou seja, do crédito.
4. O espaço de cobertura, amplo e diferenciado: todo o Nordeste do Brasil, mas só o Nordeste; a variedade de setores atendidos pelo crédito. O preço em moeda é apenas um detalhe (não foi destacado). Veja a diferença entre a frase: "O *Cresce Nordeste* está em lugares que você nem imagina" – mensagem reforçada pelas plaquetas sinalizadoras dos lugares nas imagens – e a maneira como está grafada a informação "com juros ainda menores para os mais diversos setores".

Capítulo 5

1. A confusão que o autor teme é a de que marketing seja confundido com promoção ou propaganda, isoladamente. A justificativa é pessoal, mas deverá estar baseada numa argumentação que leve em consideração os conteúdos estudados e o exposto no artigo.
2. Trecho que remete ao marketing societal: "Felizmente, a informação vem acompanhada da consciência sobre a necessidade de certificação das frutas produzidas no Brasil. Isto significará: código de ética, autorregulamentação, certificação, qualidade de origem, responsabilização, apresentação, padrão, engajamento nas práticas ambientalistas, compromissos sociais, respeito à marca e visão de longo prazo...".
3. Segundo o autor, "por falta de compromisso com a missão e os valores de uma obra feita para durar".
4. Os Ps vistos foram seis: **produto**, **preço**, **praça**, **promoção**, *people* e *presentation*. Resumo pessoal.
5. Atividade pessoal.

Capítulo 6

1. Diagnosticar a situação; estabelecimento de objetivos e estratégias; organização e ativação; atualização do plano.
2. É na etapa para o diagnóstico que devemos fazer o estudo do mercado. A análise dos aspectos internos e externos é imprescindível para que o plano possa atender ao seu objetivo e, por consequência, aos seus diversos públicos.
3. Essa questão é pessoal e para sua escolha. Diante das diversas oportunidades que a atividade do marketing tem apresentado, você poderá escolher aquela da qual tem maior conhecimento ou com a qual mais se identifica.
4. Comunicação eficiente e trabalhar em equipe são algumas das características que são imprescindíveis ao profissional de marketing, além, é claro, da criatividade. Mas há muitas outras características a partir da sua resposta; veja na CBO em qual das ocupações esse profissional está inserido.

5. Logística, recursos humanos, saúde, meio ambiente, qualidade, finanças, entre outros, que podem e devem ter profissionais de demais áreas, e não só os de marketing – criando, assim, equipes multidisciplinares.

sobre o autor

Carlos Frederico de Andrade é graduado em Ciências Econômicas (1997) pela Fundação de Estudos Sociais do Paraná (Fesp) e pós-graduado em Administração em Marketing (1998) por essa mesma instituição. Em 2007, obteve o título de mestre em Administração, na área de administração estratégica, pela Pontifícia Universidade Católica do Paraná (PUCPR). Participou ainda dos cursos de Capacitação para Ensino Superior Tecnológico (2005) e de Capacitação para Docentes (2006), ambos pela Faculdade de Tecnologia Internacional (Fatec Internacional).

Foi gerente de contas no Banco Bradesco e gerente de desenvolvimento econômico da Companhia de Desenvolvimento de Curitiba. Ingressou na carreira acadêmica em 1999 – professor de cursos técnicos, tecnológicos e de bacharelado em diversas instituições de ensino, faculdades e universidades. Em 2006, assumiu a coordenação do curso superior em Tecnologia em Marketing, da Fatec Internacional, função que exerce atualmente.

Professor de cursos nas modalidades presencial e a distância, também coordena o curso de MBA em

Marketing Estratégico da Faculdade Internacional de Curitiba (Facinter). É ainda professor do Instituto Brasileiro de Pós-Graduação e Extensão (Ibpex) e gestor do Grupo de Professores e Consultores – Rede Social (GPCON), que congrega mais de 1.200 profissionais ligados à educação e consultorias.

Professor, consultor e palestrante, suas aulas já foram assistidas por mais de 50 mil pessoas em todo o Brasil.

Os papéis utilizados neste livro, certificados por instituições ambientais competentes, são recicláveis, provenientes de fontes renováveis e, portanto, um meio responsável e natural de informação e conhecimento.

FSC
www.fsc.org
MISTO
Papel produzido a partir de fontes responsáveis
FSC® C103535

Impressão: Reproset
Dezembro/2020